Wolfgang Krell, Lydia Halbhuber-Gassner (Hg.)

Gefangen – bis der Tod uns scheidet

 **Laden Sie dieses Buch kostenlos auf Ihr Smartphone, Tablet und/oder Ihren PC und profitieren Sie von zahlreichen Vorteilen:**

- **kostenlos:** Der Online-Zugriff ist bereits im Preis dieses Buchs enthalten
- **verlinkt:** Die Inhaltsverzeichnisse sind direkt verlinkt, und Sie können selbst Lesezeichen hinzufügen
- **durchsuchbar:** Recherchemöglichkeiten wie in einer Datenbank
- **annotierbar:** Fügen Sie an beliebigen Textstellen eigene Annotationen hinzu
- **sozial:** Teilen Sie markierte Texte oder Annotationen bequem per E-Mail oder Facebook

Aktivierungscode: khgf-2023
Passwort: 4479-2058

Download App Store/Google play:
- **App Store/Google play** öffnen
- Im Feld **Suchen Lambertus+** eingeben
- **Laden** und **starten** Sie die **Lambertus+ App**
- Oben links den Aktivierungsbereich anklicken um das E-Book freizuschalten
- Bei **Produkte aktivieren** den **Aktivierungscode** und das **Passwort** eingeben und mit **Aktivieren** bestätigen
- Mit dem Button **Bibliothek** oben links gelangen Sie zu den Büchern

PC-Version:
- Gehen Sie auf **www.lambertus.de/appinside**
- **Aktivierungscodes** oben anklicken, um das E-Book freizuschalten
- **Aktivierungscode** und **Passwort** eingeben und mit **Aktivieren** bestätigen
- Wenn Sie Zusatzfunktionen wie persönliche Notizen und Lesezeichen nutzen möchten, können Sie sich oben rechts mit einer persönlichen E-Mail-Adresse dafür registrieren
- Mit dem Button **Bibliothek** oben links gelangen Sie zu den Büchern

 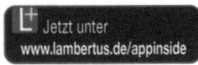  

Bei Fragen wenden Sie sich gerne an uns:
Lambertus-Verlag GmbH – Tel. 0761/36825-24 oder
E-Mail an info@lambertus.de

Wolfgang Krell, Lydia Halbhuber-Gassner (Hg.)

Gefangen –
bis der Tod uns scheidet

Bibliografische Information der Deutschen Nationalbibliothek
Die Deutsche Nationalbibliothek verzeichnet diese Publikation in der Deutschen Nationalbibliografie; detaillierte bibliografische Daten sind im Internet über dnb.d-nb.de abrufbar.

1. Auflage 2023
Alle Rechte vorbehalten
© 2023, Lambertus-Verlag, Freiburg im Breisgau
www.lambertus.de
Umschlaggestaltung: Nathalie Kupfermann, Bollschweil
Druck: Elanders GmbH, Waiblingen
Satz: Astrid Stähr, Solms
ISBN: 978-3-7841-3567-0
ISBN ebook: 978-3-7841-3568-7

Inhalt

Vorwort 7
Wolfgang Krell, Lydia Halbhuber-Gassner

(Selbst-)Bestimmt Sterben im Vollzug 11
Michelle Becka

Nationale und internationale Angebotslandschaft für
lebensältere Gefangene 25
Christian Ghanem, Andrea Kenkmann

Justizvollzug bei Lebensälteren – Datengrundlage und ein
interner Blick zum Thema 53
Marc Lehmann

Sterben im Gefängnis – institutionelle Spannungsfelder
und professionelle Handlungsoptionen aus Sicht von
Fachdiensten 58
Anke Neuber

Resozialisierung bei Langzeithaftentlassenen 68
Holger Reiss

Was alles in einem Menschen sein kann 78
Steffen Schroeder

Störungen kognitiver Leistungsfähigkeit älterer Inhaftierter 83
Sandra Verhülsdonk

Zur gesundheitlichen Situation älterer Inhaftierter – Besonderheiten und Auswirkungen im Haftalltag 93

Liane Meyer

Demografischer Wandel im Strafvollzug und in der Straffälligenhilfe 104

Heinz Cornel

Hinter Gitter alt werden und sterben in Frankreich 112

Aline Chassagne

Die Situation von Lebensälteren im Strafvollzug in Frankreich 127

Albert Evrard, Aude Bernard-Roujou de Boubée

Autorinnen und Autoren 150

Vorwort[1]

Wolfgang Krell, Lydia Halbhuber-Gassner

„Gefangen – bis der Tod uns scheidet!" – das ist provokativ, führt aber direkt in die aktuelle Diskussion über Lebensältere im Strafvollzug. Soll der Strafvollzug mehr dafür tun, dass Inhaftierte auch einen guten Tod innerhalb des Gefängnisses haben? Oder soll nicht eher durch eine rechtzeitige Entlassung ein menschenwürdiges Sterben in Freiheit ermöglicht werden?

Der demografische Wandel macht auch vor den Gefängnistoren nicht halt. Mit dem wachsenden Anteil älterer Menschen in Haft werden dort die gleichen Herausforderungen virulent wie draußen: Gesundheit im Alter, Pflege, Sterbebegleitung. Die besonderen Rahmenbedingungen in Haft kommen hinzu, vor allem die Sicherheitsaspekte. Auch stellt sich die Frage, wie eine Resozialisierung nach langer Haftzeit im fortgeschrittenen Lebensalter gelingen kann.

Seit den 1990er-Jahren hat sich die Anzahl der über 60-Jährigen in Justizvollzugsanstalten nahezu vervierfacht. Dabei ist die Anzahl der Inhaftierten seit Jahren rückläufig: In den 20 Jahren von der Jahrtausendwende um fast 15.000 Häftlinge. Am 31.03.2000 waren 60.798 Strafgefangene und Sicherungsverwahrte im Justizvollzug, 20 Jahre später waren es nur noch 46.054 (Statistisches Bundesamt 2020).

Der Justizvollzug ist traditionell eher auf junge Menschen ausgerichtet und nicht auf lebensältere – und steht mit den demografischen Veränderungen vor einer großen Herausforderung. Dabei geht es nicht nur um die notwendige Entwicklung von passenden Haftbedingungen und das Thema der professionellen Versorgung und Pflege, sondern auch um das grundsätzliche Problem des Zeitpunkts der Haftentlassung von Schwerkranken und Sterbenden und der Frage, wohin sie nach ihrer Entlassung sollen. Welche ethischen Probleme stellen sich bei Alter und Pflege in Haft? Wie ist die Gesundheitssituation älterer Inhaftierter? Welche Bedürfnisse haben sie? Welche Anforderungen stellen sich für den Vollzug? Welche Unterstützungsangebote sind erforderlich? Welche Herausforderungen entstehen, wenn das Leben in Haft zu Ende geht? Wie kann das Leben nach langer Zeit im Vollzug außerhalb gelingen?

---

1 Da es sich vorwiegend um männliche Inhaftierte handelt, wird in den Beiträgen nur die männliche Form genannt.

Mit solchen und weiteren Fragen setzen sich die Autorinnen und Autoren dieses Readers aus sozialwissenschaftlicher, politischer, ethisch-theologischer und sozialarbeiterischer Perspektive auseinander.

Der Reader stellt vor allem Vorträge aus der Fachwoche Straffälligenhilfe 2021 vor, die aufgrund der Pandemiebedingungen online stattfinden musste. Es wurden weitere Beiträge aufgenommen, die einerseits zusätzliche Aspekte vorstellen, andererseits den Blick über die Grenze nach Frankreich richten, dessen Situation und Umgang mit älteren Inhaftierten in zwei Beiträgen in diesem Band thematisiert werden.

Ausgehend vom Urteil des Bundesverfassungsgerichtes zum assistierten Suizid von 2020 stellt Michelle Becka Autonomie als wesentliche ethische Grundlage dar. Dies wendet sie auf den Umgang des Strafvollzugs mit Sterbenden an und diskutiert, ob und wie ein selbstbestimmtes Sterben im Gefängnis möglich ist. Neben diesen grundsätzlichen Abwägungen gibt sie Vorschläge für den angemessenen, sensiblen Umgang mit dem Tod im Strafvollzug, denn „Sterben ist im Gefängnis eigentlich nicht vorgesehen".

Christian Ghanem und Andrea Kenkmann erläutern in ihrem Beitrag, welche Angebote für Senioren in Haft international wie auch national gemacht werden. Dabei wird auch die inzwischen sehr unterschiedliche Situation in den einzelnen Bundesländern Deutschlands in den Blick genommen. Für die konkrete Gestaltung des Strafvollzugs mit älteren Gefangenen zeigen sie unterschiedliche Ansätze aus verschiedenen Ländern auf. Sie stellen fest, dass es viele ungenützte Potenziale zur Verbesserung der Situation von lebensälteren Inhaftierten gibt.

Zahlen zur Inhaftierung von älteren Straffälligen werden von Marc Lehmann aufgezeigt: zwar nimmt die absolute Zahl von Älteren in Haft nicht zu, aber die relative Zahl steigt, da die Inhaftiertenzahlen insgesamt in den letzten Jahren zurückgehen. Er macht deutlich, welche Veränderungen aus der Sicht des Justizvollzug in Zukunft vorangetrieben werden müssen, um Ältere in Haft angemessen betreuen zu können.

Die Ergebnisse einer Pilotstudie stellt Anke Neuber vor und geht besonders auf die Rolle der Fachdienste ein. Gerade die Spannungsfelder innerhalb der Institution „Gefängnis" werden hervorgehoben und diskutiert. Bei den möglichen Handlungsoptionen der Fachdienste im Vollzug gibt sie allerdings zu bedenken, dass bei einem weiteren Ausbau der Hilfen für Ältere und Sterbende der Fokus auf das Recht auf ein Sterben in Freiheit aus dem Blick gerät.

Aus der Praxis der Resozialisierung berichtet Holger Reiss und schildert die Unterstützung für Entlassene nach Langzeitstrafen. Er stellt die Herausforderungen des Alltags in Freiheit nach langer Inhaftierung dar, die Außenstehenden außerhalb von Strafvollzug und Straffälligenhilfe selten bewusst sind: „Die Welt draußen ist fremd geworden!"

Ein besonderes Highlight der Fachwoche Straffälligenhilfe 2021 war die Lesung Steffen Schroeders aus seinem Buch über sein Engagement im Besuchsdienst im Gefängnis. Insbesondere das Verhältnis zu einem Inhaftierten prägten seine Erfahrungen mit Straffälligkeit – gerade auch, weil er in vielen Fernsehkrimis die Seite der Ermittler verkörperte. Mit dem besonderen Blick des freiwillig Engagierten stellt er viel vom Alltag im „Knast" vor und von den Beziehungen der langjährig Inhaftierten untereinander.

Sandra Verhülsdonk präsentiert in ihrem Beitrag die Ergebnisse von Forschungen zur kognitiven Leistungsfähigkeit älterer Inhaftierter. Sie macht dabei deutlich, dass gerade kognitive Einschränkungen die Älteren in Haft belasten, und stellt Therapie- und Behandlungsmöglichkeiten für diese Betroffenen vor.

Wie sich gesundheitliche Belastungen auf das Leben von älteren Inhaftierten im Alltag in der Justizvollzugsanstalt auswirken, zeigt Liane Meyer in ihrem Artikel. Sie geht dabei auf die Häufigkeit von bestimmten Erkrankungen ein, insbesondere von Depressionen. Eindrücklich schildert sie, wie Probleme Älterer z. B. mit Inkontinenz gerade im alltäglichen Ablauf zu Belastung und Beschämung führen können.

Heinz Cornel weitet den Blick auf demografische Veränderungen auch zur Freien Straffälligenhilfe hin. Anhand von PKS-Zahlen stellt er altersbezogene Entwicklungen bei Kriminalität vor. Er zeigt Ursachen von der gestiegenen Anzahl Älterer in Straffälligenhilfe und Strafvollzug auf, die vor allem auf vermehrte Straftaten Älterer sowie längere Freiheitsstrafen zurückzuführen sind. In Bezug auf einzelne Landesresozialisierungsgesetze geht er auf Möglichkeiten und Bedingungen der sozialen Hilfen für ältere Straffällige ein.

Ein erster Blick ins Nachbarland Frankreich wird mit dem Beitrag von Aline Chassagne geworfen, der auf Ergebnissen ihrer Dissertation beruht und als Vortrag bei einer Tagung des Europäischen Forums für angewandte Kriminalpolitik zum Thema im Jahr 2016 in Saxerriet gehalten wurde. Die intensive Befragung von Betroffenen, von denen manche kurz vor dem Tod standen, wie auch von

Bediensteten erhellt die verschiedenen Wege der Betreuung und Behandlung von Sterbenskranken im französischen Gefängnissystem.

Albert Evrard und Aude Bernard-Roujou de Boubée stellen im letzten Kapitel dieses Readers die aktuelle Situation von älteren Inhaftierten in Frankreich dar. Sie gehen dabei besonders auf die aktuelle Überbelegung im französischen Strafvollzug ein und die Frage der Definition von Lebensälteren in Haft in Frankreich. Ein Schwerpunkt des Beitrags bildet die Alltagssituation für diese Betroffenen in den Strafvollzugsanstalten und ein weiterer die rechtliche Grundlage für besondere Anpassungen des Vollzugs an die besondere Lebenssituation von älteren Gefangenen.

Wir danken den Autorinnen und Autoren für ihre Beiträge und Überarbeitungen ihrer Vorträge der Fachwoche Straffälligenhilfe 2021, ohne diese Mitarbeit und dieses Engagement wäre dieser Reader gar nicht möglich.

Alter und Sterben im Strafvollzug und in der Straffälligenhilfe werden in den nächsten Jahren ein wichtiges und herausforderndes Thema bleiben. Dieser Reader bietet einen Überblick und ein Zwischenfazit zu den vielen Entwicklungen zu diesem Thema. Gerade auch die grundsätzlichen ethischen Fragen rund um Sterben in Autonomie unter Haftbedingungen und Resozialisierung vs. Sicherheit sind gerade von der freien Straffälligenhilfe auch immer wieder zu stellen und entsprechende Bedingungen einzufordern.

(Selbst-)Bestimmt Sterben im Vollzug

Michelle Becka

„Lebendkontrolle!" Das ist einer dieser Begriffe, die mich zusammenzucken ließen, als ich begann, mich mit Themen des Justizvollzugs zu beschäftigen. Man kann „Lebendkontrolle" so hören, dass dem Justizvollzug etwas am Leben der Inhaftierten gelegen ist. Man kann den Begriff auch verstehen im Sinne von: Hauptsache, es stirbt keiner. Denn der Tod bringt Unordnung in die Anstalt. Sterben ist in der Justizvollzugsanstalt nicht vorgesehen.

Zunehmend sind auch in Deutschland ältere Menschen inhaftiert,[1] sodass Altern und Sterben von Straffälligen ein Thema mit wachsender Bedeutung ist. Das ist wichtig, denn für ältere Inhaftierte passt nicht alles, was für die als „Normalfall" gedachten jungen Inhaftierten gilt. Auch Sicherheit und Resozialisierung verändern ihre Bedeutung oder werden gar fraglich. Und mit dem Altern kommen Fragen bezüglich des Sterbens auf. Ich möchte im Folgenden der Frage nach dem Sterben im Vollzug auf einem Umweg nachgehen.

Mit dem Urteil vom 26.02.2021 hebt das Bundesverfassungsgericht hervor, dass das allgemeine Persönlichkeitsrecht als Ausdruck persönlicher Autonomie ein Recht auf selbstbestimmtes Sterben umfasst. Auch wenn es im Urteil dezidiert um die Möglichkeit des assistierten Suizids geht, den ich (weil er ein eigenes Thema wäre) ausdrücklich nicht thematisiere, werden damit zugleich weiterführende Fragen zur Selbstbestimmung am Lebensende aufgeworfen, die auch mit Blick auf den Justizvollzug relevant sind.

Welcher Begriff von Selbstbestimmung wird hier verwendet? Was blendet er möglicherweise aus? Was bedeutet das unter Bedingungen von Haft und Straffälligkeit? Nach einigen grundsätzlichen ethischen Überlegungen zu Selbstbestimmung folgt deren Problematisierung am Lebensende. Schließlich wird erörtert, was das für den Justizvollzug bedeuten könnte und es folgen einige konkrete Schlussfolgerungen. Die These, die zu begründen ist, lautet: Niemand sollte in

---

1 Daten finden sich an anderer Stelle in diesem Buch, sodass hier darauf verzichtet wird. In anderen Ländern (USA, aber auch Schweiz) ist die Entwicklung vorangeschritten, und eine Auseinandersetzung mit dem Thema findet schon länger statt. Vgl. dazu die verschiedenen Materialien auf der Seite des Justiz-Departments der Vereinigten Staaten: https://nicic.gov/projects/aging-prison (Abgerufen am 15.3.2023); sowie einführend für die Schweiz: Hostettler, Ueli; Marti, Irene; Richter, Marina, Lebensende im Justizvollzug. Gefangene, Anstalten, Behörden, Bern 2016; sowie Bundesamt für Justiz, Schweiz (Hg.), Lebensende im Justizvollzug, Informationen zum Straf- und Massnahmenvollzug, 2/2016.

der JVA sterben müssen. Es sei denn, dass dies sein ausdrücklicher Wille ist. Dann aber sind Vorkehrungen zu treffen und Rahmenbedingungen zu verändern.

Die eher allgemeinen Überlegungen sind nicht nur weiterzuentwickeln, sondern auch unterschiedlich zu konkretisieren, da die Situationen – abhängig vom Bundesland, den Gegebenheiten in der JVA, aber auch von jedem konkreten Fall – sehr verschieden sind.

Autonomie und Relationalität

Es gibt mindestens zwei Irrtümer darüber, was Autonomie bedeutet: Der erste ist, dass Autonomie bedeute, tun zu können, was man wolle. Das greift zu kurz. Kant, der den Begriff der Autonomie stark geprägt hat, hebt hervor, dass, wenn man allein seiner Lust folgt, man sich durch seine Neigungen bestimmen lässt. Dann wäre ich nicht selbstbestimmt, sondern fremdbestimmt (durch meine Lust oder auch meine Bequemlichkeit).[2] Auch wenn sich das Autonomieverständnis mittlerweile durchaus verändert hat, verweist dieser Hinweis doch darauf, dass Selbstbestimmung mehr heißt, als einer spontanen Laune zu folgen. Sie hat mit Vernunft und Abwägung zu tun. Der Mensch kann selbstbestimmt handeln, weil er vernunftfähig ist. Wir können verschiedene Handlungsoptionen unterscheiden, und wir können wählen und diese Wahl begründen. Autonomie als Fähigkeit zur Selbstbestimmung heißt also selbst zu entscheiden, weil wir es können und weil wir gute Gründe für unser Tun haben. Menschen können also selbstbestimmt handeln. Daraus folgt aber umgekehrt, dass sie in ihrer Fähigkeit zur Selbstbestimmung zu achten sind. Und das gilt für alle Menschen, auch für Inhaftierte.

Der zweite Irrtum ist, dass die konkrete Selbstbestimmung absolut zu verstehen wäre. Das ist sie nicht. Freiheit (und die damit verbundene Selbstbestimmung) ist bedingt, ohne dass sie deshalb aufgegeben werden müsste. Die Verwirklichung der Autonomie unterliegt Bedingungen und ist graduell. Jeder Mensch hat Handlungsräume, die zu schützen und zu erweitern sind, und seien sie noch so klein. Lange Zeit hat man starke Gegensätze aufgebaut: Man ist selbstbestimmt *oder* abhängig, unabhängig *oder* ein Gemeinschaftswesen. Schon die katholische Tradition weist demgegenüber im Personalitätsprinzip auf die Doppelstruktur des Menschen hin: Wir sind Einzelwesen, je besonders, vernunftbegabt etc. und

---

[2] Der Autonomiebegriff bei Kant und in der weiteren Entwicklung ist weit komplexer, als es hier dargelegt werden kann. Vgl. einführend: Lutz-Bachmann, Matthias, Autonomie, I. Philosophisch, in: Staatslexikon online, URL vom 17.02.2022: https://www.staatslexikon-online.de/Lexikon/Autonomie.

zugleich Sozialwesen und als solche auf andere verwiesen.³ Zeitgenössische Theorien – insbesondere feministische Theorien, Care-Ethik, Sonderpädagogik – bekräftigen das noch sehr viel deutlicher: Wir sind alle verletzbar/auf andere angewiesen *und* selbstbestimmt.⁴ Das gilt jeweils mehr oder weniger, und es variiert nach Alter und nach Lebensumständen: Die einen haben mehr Möglichkeiten zur Entfaltung ihrer Freiheit als andere. Die einen sind, zeitweise oder dauerhaft, abhängiger als andere. Und trotzdem gilt, dass Selbstbestimmung und Beziehungshaftigkeit (Relationalität) zusammengehören. Wir sprechen daher auch von der Relationalität – der Beziehungshaftigkeit – der Autonomie.

Dieses Verständnis liegt auch dem BVerfG-Urteil 33 von 1972 zu Strafgefangenen und Grundrechten zugrunde, in dem die Rede ist von der „Vorstellung vom Menschen als einem geistig-sittlichen Wesen, das darauf angelegt ist, in Freiheit sich selbst zu bestimmen und sich zu entfalten. Diese Freiheit versteht das Grundgesetz nicht als diejenige eines isolierten und selbstherrlichen, sondern als die eines gemeinschaftsbezogenen und gemeinschaftsgebundenen Individuums".⁵ Diesem Anspruch steht jedoch eine Praxis im Vollzugsalltag gegenüber, in der Selbstbestimmung auf ein Minimum reduziert ist. Dennoch trägt das dargelegte Begriffsverständnis dazu bei, auch hier Räume der Selbstbestimmung und Handlungsfähigkeit anzunehmen: Diese Räume mögen bei aller Abhängigkeit klein sein, aber sie sind zu entdecken und zu vergrößern.

Autonomie und Relationalität am Lebensende

Die vorangestellten Ausführungen zum Verständnis von Autonomie sind relevant hinsichtlich des Urteils des BVerfG zum assistierten Suizid.

Zum Begriff der Selbstbestimmung im Urteil des Bundesverfassungsgerichts (BVerfG)

Aufgrund bestehender Rechtsunklarheit war ein Urteil des BVerfG zur Frage des assistierten Suizids nötig geworden. Die hohe Wertschätzung der Autonomie, die

---

3 Vgl. Heimbach-Steins, Marianne, Sozialprinzipien, in: Dies. et al. (Hg.), Christliche Sozialethik. Grundlagen – Kontexte – Themen, Regensburg 2022 (im Erscheinen).
4 Besonders prägnant bringt das der Begriff der „Vulnerable Agency" zum Ausdruck, den Hille Haker geprägt hat. Vgl. Haker, Hille, Towards Critical Political Ethics, insbesondere Kapitel 5, Freiburg/Würzburg 2020.
5 BVerfGE 33, Rn. 303. In vielen Bereichen hat sich ein Verständnis von Autonomie, die nicht Gegensatz zur Beziehungshaftigkeit ist, längst durchgesetzt. Das zeigt sich v. a. im Übereinkommen über die Rechte von Menschen mit Behinderungen (BRK) und der Diskussion darüber. Die BRK spricht ausdrücklich von Autonomie von Menschen mit Behinderung. Auch wenn die Abhängigkeiten groß und die Handlungsräume noch so klein sind: Es gilt sie zu entdecken und zu vergrößern, um die – vorhandene, aber geringe – Handlungsmacht zu vergrößern.

in dem Urteil zum Ausdruck kommt, ist grundsätzlich begrüßenswert.[6] Doch das Urteil des BVerfG vom 26.02.2020 zum assistierten Suizid dehnt die Selbstbestimmung auf ein Höchstmaß aus, das teilweise problematisch ist: „Das Recht auf selbstbestimmtes Sterben schließt die Freiheit ein, sich das Leben zu nehmen. Die Entscheidung des Einzelnen, seinem Leben entsprechend seinem Verständnis von Lebensqualität und Sinnhaftigkeit der eigenen Existenz ein Ende zu setzen, ist im Ausgangspunkt als Akt autonomer Selbstbestimmung von Staat und Gesellschaft zu respektieren." Weiter heißt es: „Das Recht, sich selbst das Leben zu nehmen, stellt sicher, dass der Einzelne über sich entsprechend dem eigenen Selbstbild autonom bestimmen und damit seine Persönlichkeit wahren kann."[7]

In dem Urteil ist Autonomie dem Lebensschutz klar übergeordnet, während Menschenwürde eine untergeordnete Rolle spielt. Sie gilt durch die Achtung der Autonomie als gewährleistet.[8] Auch den klassischen Einwand, dass die (zielgerichtete) Vernichtung des eigenen Lebens kein sinnvoller Ausdruck grundrechtlich geschützter Persönlichkeitsentfaltung sein könne, lässt das Urteil nicht gelten.[9] Und die Dimension der Unveräußerlichkeit der Menschenrechte, die eine lange Tradition im Menschenrechtsdiskurs hat, spielt ebenfalls keine Rolle. Die Idee der Unveräußerlichkeit beinhaltet, dass ich meine Rechte nicht einfach abgeben kann. Der Gebrauch der Freiheit selbst ist demnach nicht disponibel. Dazu wäre viel zu sagen; ich möchte an dieser Stelle einen anderen Aspekt hervorheben, die Relationalität.

Der Aspekt der Relationalität, der vorangehend erläutert wurde, findet im Verständnis der Autonomie des Urteils keine Beachtung. Heiner Bielefeldt sagt dazu: „In der Negation etwaiger paternalistischer Bevormundung formuliert

---

6 Es kann an dieser Stelle nicht darum gehen, das Urteil oder gar den assistierten Suizid selbst moralisch zu bewerten. Es geht allein um den Begriff der Autonomie und die Folgen des Begriffsverständnisses über das Urteil hinaus. Es ist gleichwohl zu erwarten, dass nach einer Anpassung der Gesetze die Frage des assistierten Suizids auch im Justizvollzug virulent werden wird.
7 BVerfG, Urteil des Zweiten Senats vom 26. Februar 2020 – 2 BvR 2347/15, Rn. 209.
8 Vgl. ebd. Rn. 207, Rn. 211.
9 Das Urteil benennt den Einwand in Rn. 147: „Die Garantie der Menschenwürde scheide als rechtliches Fundament eines Rechts zur Selbsttötung von vornherein aus, da der Suizident sich durch die Tötung der vitalen Basis der Menschenwürde beraube. Der grundgesetzlich geschützte Gehalt der Menschenwürde dürfe ferner deshalb nicht auf absolute Autonomie des Einzelnen verkürzt werden, weil die Menschenwürde gerade auch Menschen zukomme, die nicht (mehr) zur Selbstbestimmung fähig seien. Dem durch Art. 1 Abs. 1 GG normativ gesetzten Menschenbild wohne als Grundlage einer humanen Verfassungsgemeinschaft ein Moment objektiver Menschenwürde inne, das nicht zur Disposition des Einzelnen stehe." Damit verbunden ist Kants Verständnis, dass die Selbstbestimmung in der Verfügung über das eigene Leben endet, weil sie damit ihre eigene Grundlage entziehen würde.

das Bundesverfassungsgericht somit einen völlig abstrakten Autonomiebegriff."[10] Das heißt: Um dieses hohe Gut der Selbstbestimmung nicht zu gefährden und zu unterbinden, dass jemand die freie Entscheidung des Sterbewilligen beeinflusst, wird die Beziehungshaftigkeit der Selbstbestimmung ganz ausgeblendet. Die anderen Menschen erscheinen dann nur in einem negativen Sinn, nämlich als Gefährdung meiner Freiheit.[11]

Autonomie wird aber nicht im luftleeren Raum ausgeübt. Entscheidungen – im Urteil geht es um jene zum Suizid, das lässt sich aber insgesamt auf Entscheidungen am Lebensende übertragen – erfolgen oft nicht so autonom, wie es scheint. Der Druck des sozialen Umfelds ist nicht auszuschließen. Und es gilt zu berücksichtigen, dass Leben und Sterben Beziehungsgeschehen sind.[12]

Es ist zu berücksichtigen, dass Angehörige sowohl von der Krankheit als auch vom Sterbewunsch betroffen sind, was wiederum auf den Betroffenen rückwirkt. Das Sozialgefüge hat Einfluss auf Altern und Sterbewunsch. Daher dürfen die Beziehungshaftigkeit einer Entscheidung oder Entscheidungsfindung, sowie die Einflüsse, die wirken, nicht einfach ausgeblendet werden.

Es liegt also in dem Urteil ein Autonomieverständnis vor, das hinter den Entwicklungen, die zuvor dargelegt wurden, zurückbleibt: Autonomie und Abhängigkeit schließen sich hier aus. Auf andere verwiesen zu sein, bedeutet demnach, nicht selbstbestimmt zu sein. Das aber hat weit über die Suizidbeihilfe Auswirkungen auf das Verständnis von Menschenwürde, Menschenrechte und gesellschaftliche Praxis, weil es wieder jene Entgegensetzung hervorhebt, die es doch zu überwinden gilt. Deshalb ist es für diese Fragestellung relevant.

Selbstbestimmt Altern der JVA?

Im Justizvollzug sind sowohl Selbstbestimmung als auch Relationalität schwierig. Ein Leben ohne Straftaten und in sozialer Verantwortung, wie das Vollzugsziel nach wie vor lautet, würde beides verlangen – das Einüben von Selbstbestim-

---

10 Bielefeldt, Heiner, Entleerung des Autonomieprinzips: Zum Urteil des Bundesverfassungsgerichts über Suizidassistenz, in: Stimmen der Zeit, 8/2020, URL vom 17.02.2022: https://www.herder.de/stz/hefte/archiv/145-2020/8-2020/entleerung-des-autonomieprinzips-zum-urteil-des-bundesverfassungsgerichts-ueber-suizidassistenz.
11 Das ist erstaunlich, da ja andererseits sogar ein Recht auf Assistenz reklamiert wird, in dem andere zur Ausübung der eigenen Selbstbestimmung beansprucht werden.
12 Vgl. Lob-Hüdepohl, Andreas, Altern und Sterben im Gefängnis. Ethische Probleme in hochkomplexen Wirklichkeiten, in: Bewährungshilfe, 4/2019, 293–307.

mung und die Möglichkeit zur Gestaltung von Beziehungen. Doch es fehlen oft die Räume, diese soziale Verantwortung einzuüben.[13]

Zu einem Leben in Selbstbestimmung mit anderen gehört auch das Lebensende. Das BVerfG-Urteil verlangt, wie ausgeführt, eine Erweiterung der Selbstbestimmung am Lebensende weit über das derzeit vorhandene hinaus. Und der Angleichungsgrundsatz (etwa nach §3 des StVollzG von 1977) verlangt, dass das Leben im Vollzug den allgemeinen Lebensbedingungen so weit als möglich angeglichen werden soll, altersbedingte besondere Bedürfnisse sind zu achten.[14] Mehr Selbstbestimmung mit Blick auf Altern und Sterben im Vollzug ist also ein begründetes Desiderat.

Aber in Haft sind die Möglichkeiten zum selbstbestimmten Altern und Sterben stärker eingeschränkt als außerhalb des Vollzugs. Die Schwierigkeiten, mehr Selbstbestimmung mit Blick auf Altern und Sterben im Vollzug zu ermöglichen, stellen sich auf ganz unterschiedlichen Ebenen dar. Sie sind einerseits den rechtlichen (aber auch moralischen) Normen geschuldet, die den Vollzug bestimmen, die gute Gründe gegen ein Sterben in Haft liefern; sie sind andererseits praktischer Art.

Auf die rechtliche Problematik verweist das Urteil des BVerG zu lebenslanger Freiheitsstrafe von 1977: „Die grundlegenden Voraussetzungen individueller und sozialer Existenz des Menschen müssen erhalten bleiben. [...] Mit einer so verstandenen Menschenwürde wäre es unvereinbar, wenn der Staat für sich in Anspruch nehmen würde, den Menschen zwangsweise seiner Freiheit zu entkleiden, ohne daß zumindest die Chance für ihn besteht, je wieder der Freiheit teilhaftig werden zu können."[15] Mehrfach ist im Urteil die Rede davon, dass der Gefangene grundsätzlich eine Chance haben muss, seine Freiheit wiederzuerlangen. Im Gefängnis zu sterben, widerspricht dem offenkundig. Im Sterbeprozess verliert die Freiheitsstrafe ihren Sinn. Das wird auch mit Blick auf das Vollzugsziel deutlich: Resozialisierung setzt voraus, dass der zu Resozialisierende nach der Haft lebt. Es bliebe also nur[16] die Sicherheit der Allgemeinheit. Das wäre ein möglicher Einwand. Allerdings wäre sie in den allermeisten Fällen wohl nicht gefährdet.

---

13 Vgl. dazu ausführlich Becka, Michelle, Strafe und Resozialisierung. Hinführung zu einer Ethik des Justizvollzugs, Münster 2016.
14 In den Landesgesetzen werden unterschiedliche Formulierungen gewählt. Es bleibt jedoch immer das Problem des großen Interpretationsspielraums darüber, was eine Angleichung an „allgemeine Lebensverhältnisse" umfasst. Ein unmittelbarer Rechtsanspruch ist zudem nicht mit dem Angleichungsgrundsatz verbunden.
15 BVerfG, Urteil vom 21.06.1977 – 1 BvL 14/76.
16 Eine Argumentation über die Strafzwecke, in der man den Schuldausgleich anführen könnte, sei an dieser Stelle ausgeblendet.

Moralisch ist zudem zu fordern, dass in der vulnerablen Phase des Sterbens Selbstbestimmung auch in der Weise gewährleistet sein muss, dass besondere Wünsche, insbesondere jener, „draußen" zu sterben, geachtet werden sollten. Wird jede Selbstbestimmung am Lebensende unmöglich gemacht, so wird eine Person nicht mehr als Selbstzweck behandelt, sondern sie wird zum Zweck für etwas anderes – etwa der Abschreckung. Eine solche Verzweckung, Instrumentalisierung aber verstehen wir als Verletzung der Menschenwürde.

Rechtlich und moralisch gibt es also begründete Bedenken gegenüber dem Sterben im Vollzug. Diese Einschätzung wird nachfolgend zu relativieren sein. Zuvor seien aber einige praktische Gründe genannt, die Sterben (und Altern) im Vollzug zusätzlich erschweren.

Das Hauptproblem ist, dass die JVA kaum auf Altern und Sterben eingestellt ist. „Gefängnisse sind auf Sicherheit und Resozialisierung ausgerichtet. Man geht von jungen, gesunden Gefangenen aus, die das System wieder einmal verlassen werden. Todesfälle werden als Unfälle des Systems angesehen."[17]

Auf die zunehmende Inhaftierung Älterer versucht man sich mittlerweile (teilweise) einzustellen, auch wenn die Plätze und Maßnahmen, die zur Verfügung stehen, nicht ausreichen. Aber es gibt die so genannten Lebensälterenabteilungen und Ähnliches.[18] Diese Abteilungen sind durch verschiedene Erleichterungen gekennzeichnet. Die Konzeption der Außenstelle Singen der JVA Konstanz in Baden-Württemberg sieht z. B. einen nach innen offenen Vollzug vor.

Konkret wird u. a. von folgenden Maßnahmen berichtet:
- „Öffnung der Haftträume von 7 bis 22 Uhr, währenddessen können sich die Gefangenen innerhalb des Hauses frei bewegen.
- Der Anstaltshof steht von 8 bis 20 Uhr, im Winter bis zum Einbrechen der Dunkelheit zur Nutzung zur Verfügung.
- Der Tagesablauf kann von den Inhaftierten mitbestimmt werden"[19], mehr Besuchszeiten, mehr Begleitausgänge.

---

17 Richter, Marina, Mitautorin der Schweizer Studie, zitiert nach Freiburger Nachrichten vom 06.04.4016, URL vom 17.02.2022: https://www.freiburger-nachrichten.ch/strafvollzug-klammert-den-tod-aus.
18 Die Datenerhebung der Gruppe um Kenkmann zeigt, dass etwa 5 Prozent (sehr unterschiedlich nach Bundesländern) der Inhaftierten (ohne Maßregelvollzug oder Sicherungsverwahrung) mittlerweile älter als 60 Jahre sind. „In Nordrhein-Westfalen sind 174 spezifische Plätze für Lebensältere vorhanden, das sind etwa 27 %, in Sachsen für jeden zweiten, anderswo wiederum weniger." Kenkmann, A./Erhard, S./Maisch, J./Ghanem, C. (2020), Altern in Haft – Angebote für ältere Inhaftierte in der Bundesrepublik Deutschland, in: Kriminologie – Das Online-Journal, 1/2020, 101–122: 105.
19 Kenkmann et al. (2020), Altern in Haft, 108 f.

Und die Lebensälterenabteilung der JVA Bielefeld-Senne versucht, den spezifischen Problemlagen Rechnung zu tragen, indem vermehrt Einzelgespräche und Gesprächsgruppen angeboten werden sowie gezielte Bewegungsangebote, geriatrische Versorgung etc. Und durch die Unterbringung in einer eigenen Abteilung soll eine Kollision der verschiedenen Interessen von Jüngeren und Älteren vermieden werden.[20]

Es steht außer Frage, dass die Mehrzahl dieser Maßnahmen zur Erweiterung der Handlungs- und Selbstbestimmungsräume für alle Inhaftierten sinnvoll wäre.[21] Hier geht es jedoch um die konkrete Situation alter Menschen im Justizvollzug. Daher können die Vorschläge als Versuch gelten, „Altern", das in Haft früher beginnt als unter anderen Lebensumständen[22], unter den widrigen strukturellen Gegebenheiten ein Stück weit erträglicher zu machen. Diese Angebote sind begrenzt,[23] das Desiderat wäre, sie zu erweitern.

Noch schwieriger als das Altern ist die Frage nach dem angemessenen Sterben im Vollzug. Die Institution Justizvollzug ist nicht darauf eingestellt, sie ist auch nicht dafür gemacht, wie in den folgenden Aspekten (die nicht vollständig sind) deutlich wird:

- Die Institution ist zudem auf Sicherheit ausgerichtet. Das gilt mit Blick auf die Architektur ebenso wie auf Interaktionen. Freiräume und Nähe am Lebensende passen nicht in dieses Konzept.
- Pflege ist nicht vorgesehen; und es gibt auch niemanden, der diese Aufgabe übernehmen könnte, da Pflege in der Regel nicht zu den Aufgaben des allgemeinen Vollzugsdienstes zählt.
- Das Thema Sterben taucht selten auf, es wird tabuisiert, da doch eigentlich das Ziel die Entlassung ist. Dadurch wachsen aber Ängste und Belastungen derer, die sich mit diesbezüglichen Fragen beschäftigen.
- Sterben im Vollzug löst auch bei den anderen – Mitinhaftierten und Bediensteten – Reaktionen aus. Es gibt aber nur teilweise Möglichkeiten und Räume, dies aufzuarbeiten.

---

20 Vgl. Die Vorstellung der Lebensälterenabteilung der JVA Bielefeld-Senne, URL vom 17.02.2022: https://www.jva-bielefeld-senne.nrw.de/aufgaben/linkziele/Lebensaeltere-Rueckseite.pdf
21 Vgl. dazu auch das Positionspapier zur Selbstbestimmung im Justizvollzug von Caritas Europa, URL vom 17.02.2022: https://www.caritas.eu/wordpress/wp-content/uploads/2020/11/201105-Positionspapier_Selbstbestimmung-in-Haft_Caritas-Europa_final.pdf
22 Vgl. Meyer, Liane, Eine empirische Perspektive auf die gesundheitliche Situation älterer Inhaftierter, in: Bewährungshilfe, 4/2019, 308–319: 309.
23 Und wir sind begleitet von vielen Fragen, auch von der, welche Perspektiven und Sinnhorizonte man älteren Inhaftierten noch eröffnen kann, wenn ein Leben in Freiheit als Perspektive ausfällt. Diese Frage stellt sich nicht nur für die Seelsorge.

- Und schließlich bringt der Tod Arbeit mit sich: Bürokratie, Bestattung u. v. m. Die Zuständigkeiten sind unklar, die anfallende Arbeit ist – in der Organisationslogik gedacht – zusätzlich.

Das heißt, dass rechtlich und moralisch vieles für das Sterben in Freiheit spricht, und praktisch ist Sterben in Haft schwierig. Wenn möglich, sollte daher die Haft ausgesetzt werden – und zwar rechtzeitig. Die Option der Haftaussetzung gilt also insbesondere dann, wenn der Inhaftierte Familie oder ein anderes soziales Umfeld hat. Und unter bestimmten Umständen (bei unvertretbaren Härten und Unbilligkeiten) kann auch die Begnadigung eine Möglichkeit sein.

Abwägungen

Doch in der Realität ist das oft nicht einfach oder sogar auch unmöglich. Deshalb ist zu ergänzen: Wenn jemand in Haft sterben möchte, sollte das möglich gemacht werden. Entsprechende Rahmenbedingungen, die die oben genannten Schwierigkeiten reduzieren, sind zu schaffen.

Dabei ist jedoch zu berücksichtigen, dass sich Sterben nicht nur im Justizvollzug als Thema stellt, vielmehr spiegelt sich – wenn auch in drastischer Weise – eine gesamtgesellschaftliche Realität. Es ist ein verbreitetes Problem, dass Menschen in Einsamkeit altern und sterben. In Berlin finden mittlerweile 6 % der Bestattungen „von Amts wegen" statt.[24] Es gibt niemanden, der sich zuständig fühlt – nicht nach dem Tod, und vermutlich auch nicht in der Zeit vor dem Tod. Da ältere Inhaftierte meist schon sehr lange inhaftiert sind, ist die Wahrscheinlichkeit hoch, dass auch sie kein soziales Umfeld haben, das sich um sie kümmert. Eine Entlassung zum Sterben birgt also die Gefahr großer Einsamkeit. So kommt bei Inhaftierten der Wunsch auf, in der Anstalt zu sterben.

Andere Gründe kommen hinzu:
- Auch wenn man sich über mangelnde Arztwahl im Vollzug und andere medizinische Engpässe zu Recht beschweren kann: Es gibt zumindest eine medizinische Grundversorgung, die auch ohne Barrieren (Ärztesuche, Terminvereinbarung, Anfahrt) zu erreichen ist.
- Die Abläufe sind vertraut, draußen ist vieles fremd. Das, was zu organisieren wäre, kann u. U. zur Überforderung werden.

---

24 Vgl. Heim, Manuela, Einsames Sterben. Was kostet der Tod?, in: taz, 26.02.2020, URL vom 17.02.2022: https://taz.de/Einsames-Sterben/!5663021/

- Bedienstete und Mitinhaftierte sind manchmal die einzigen sozialen Kontakte. Das ist wenig, aber es ist zumindest jemand da. Die Einsamkeit wird dadurch reduziert. Und auch die Angst vor dem Ungewissen kann geringer sein, als wenn man allein auf sich gestellt ist.

Die Respektierung der Autonomie würde also nicht vorrangig bedeuten: Den Inhaftierten auf sich allein zu stellen, sondern seine Entscheidung zu respektieren. Deshalb kann es sein, dass es moralisch angemessener ist, Menschen im Vollzug sterben zu lassen.

Das setzt allerdings einiges voraus. Es wäre nötig, dass das Thema Sterben stärker thematisiert wird; dass der Wunsch des Sterbenden ernstgenommen und er nicht allein gelassen wird; dass die Mitbetroffen im Blick sind. Denn Sterben ist ein „soziales Beziehungsereignis. [...] Denn es ersterben Beziehungen, und zurück bleiben die Hinterbliebenen. Auch sie werden von dem Tod des Gestorbenen erfasst und mitunter in erhebliche Bedrängnis gebracht".[25] Dem ist Rechnung zu tragen.

Bevor dieser Gedanke vertieft wird, sei darauf hingewiesen, dass die Alternative, im Krankenhaus zu sterben, von Inhaftierten meist abgelehnt wird.[26] Die Vorstellung dort zu sterben erschreckt v. a. wegen der Anonymität, man kennt dort niemanden. Das Gefühl ausgeliefert zu sein – also gerade nicht selbstbestimmt – ist besonders groß.

Schlussfolgerungen für die Praxis

„Es ist eine ethische Frage, ob jemand als Mensch oder als Gefangener stirbt. Als Mensch und damit menschenwürdig zu sterben, verlangt, dass die Logik des Vollzugs am Lebensende ausgeblendet wird und der sterbende Mensch mit seinen Bedürfnissen ins Zentrum aller Bemühungen rückt."[27] Das aber erfordert Veränderungen der Rahmenbedingungen. Auf verschiedenen Ebenen.

Es gibt konkrete Projekte in der Praxis, erste wissenschaftliche Studien, Schritte der Zusammenarbeit mit Einrichtungen „draußen" und es gibt – anfängliche – Kooperationen mit den zuständigen Behörden. Die Bemühungen auf allen die-

---

25 Lob-Hüdepohl, Altern und Sterben im Gefängnis, 306.
26 Vgl. Bundesamt für Justiz, Lebensende im Justizvollzug,
27 Bundesamt für Justiz, Lebensende im Justizvollzug, 11 f.

sen Ebenen sind zu verstärken und notwendig zu verknüpfen. Diese Publikation und die ihr zugrunde liegende Tagung sind wichtige Beiträge dazu.

In der Struktur angelehnt an die Charta zur Betreuung schwerstkranker und sterbender Menschen in Deutschland, herausgegeben u. a. vom deutschen Hospiz- und Palliativverband[28], seien einige Schlussfolgerungen gezogen.

So heißt es unter *1. Gesellschaftspolitische Herausforderungen*: „Ein Sterben in Würde hängt wesentlich von den Rahmenbedingungen ab, unter denen Menschen miteinander leben. Einen entscheidenden Einfluss haben gesellschaftliche Wertvorstellungen und soziale Gegebenheiten, die sich auch in juristischen Regelungen widerspiegeln."[29] Daraus folgt umgekehrt: Wenn das gesellschaftliche und institutionelle Misstrauen gegenüber Straftätern überwiegt, lassen sich keine geeigneten Regelungen finden. Die Gestaltung von Rahmenbedingungen setzt einen politischen Willen voraus. Sie erfordert außerdem Entschiedenheit in den Anstalten. Denn es ist die Anstaltsleitung, die die Entscheidung treffen muss für offene Zellentüren, Besuchsregelungen und über verschiedene Arten von Lockerungen. Dieser Wille muss sich allerdings gegen eine gesellschaftlich dominant erscheinende Stimmung von Sicherheit und Kontrolle durchzusetzen.

Daraus resultiert, was die Handreichung unter Punkt 2 thematisiert: *Bedürfnisse der Betroffenen – Anforderungen an die Versorgungsstrukturen*. Der Wille und die Bedürfnisse des Betroffenen sind zu respektieren. Der Palliativverband formuliert mit Blick auf das Sterben insgesamt, aber es gilt auch für Inhaftierte, den Willen zu respektieren und die Würde zu achten. Kranke und Sterbende benötigen eine angemessene Versorgung.[30] Der Mangel daran kann im Gefängnis durch reguläre Angebote, etwa das Hospiz, nur bedingt behoben werden. Die Angebote müssten modifiziert werden, sie lassen sich in den meisten Fällen nicht einfach ausdehnen, weil die Wirklichkeiten zu verschieden sind. Es gibt bereits an einigen Standorten Formen der Zusammenarbeit zwischen verschiedenen Akteuren. Diese müsste erweitert und vertieft werden.

Dazu ergeben sich drittens Anforderungen an die *Aus-, Weiter- und Fortbildung*[31] für diejenigen, die im Hospizbereich oder in der Pflege tätig sind und diese Aufe

---

28 Deutsche Gesellschaft für Palliativmedizin/Deutscher Hospiz- und Palliativverband/Bundesärztekammer (Hg.), Charta zur Betreuung schwerstkranker und sterbender Menschen, Berlin 2010, https://www.dgpalliativmedizin.de/images/stories/Charta-08-09-2010%20Erste%20Auflage.pdf (Abgerufen am 15.3.2023).
29 Ebd., 8.
30 Vgl. ebd., 11.
31 Vgl. ebd., 14.

gaben auch in der JVA übernehmen wollen/könnten einerseits und für die Bediensteten in der JVA, die mit Altern und Sterben umgehen können müssen, andererseits. Beide Seiten benötigen Maßnahmen in der Aus- und Weiterbildung, damit die Zusammenarbeit gelingen kann. Zusätzlich stellt sich die Frage nach professioneller Pflege in der Justizvollzugsanstalt.

Neben diesen bedeutsamen Punkten ist abschließend nochmals auf den Aspekt der Relationalität zurückzukommen.

Die erwähnte Schweizer Studie nennt die Angst der Inhaftierten, in Einsamkeit zu sterben. Wie aber lässt sich die Einsamkeit verhindern? Dass Angehörige, so vorhanden, eine zentrale Rolle spielen, liegt auf der Hand. Wie sie beteiligt werden könnten, wäre ein eigenes Thema. Mit Blick auf die Bediensteten (und Ähnliches gilt für Ehrenamtliche) wurde die Notwendigkeit von Aus- und Weiterbildung genannt. Darüber hinaus sind hier wichtige Fragen des Selbstverständnisses und der Professionalität betroffen, die ebenfalls zu vertiefen wären. Doch auch die Mitinhaftierten sind zu berücksichtigen.

Wenn ein Inhaftierter stirbt (vor allem nach langer Haft), sind die Mitinhaftierten von diesem Tod mitbetroffen. Das gilt insbesondere, wenn er in der JVA stirbt, aber auch, wenn er kurz vorher enthaftet wurde. Es muss daher für sie Formen des Abschiednehmens geben, Möglichkeiten der Trauer, Rituale, Orte, Ansprechbarkeit. Und weil es bereits viele Erfahrungen mit solchen Praktiken gibt, wären Austauschmöglichkeiten über *Good Practice*-Beispiele sinnvoll.

Es ist bemerkenswert, dass Inhaftierte in der genannten Schweizer Studie einerseits angegeben haben, dass es einschneidend und verstörend war, wenn sie den Tod eines Mitgefangenen miterlebt haben, andererseits aber auch, dass die „Betreuung von kranken und sterbenden Mitgefangenen eine sinnstiftende Aufgabe"[32] sei. Zwar gilt zu verhindern, dass Mitgefangene für eine Aufgabe der Sterbebegleitung instrumentalisiert werden, die nicht ihre ist,[33] von daher sind solche Überlegungen mit viel Sorgfalt zu führen, aber es kann eine Chance für beide Seiten sein, Mitgefangene hier stärker einzubeziehen.

Dafür sprechen auch die Erfahrungen des „Senior Structured Living Program" aus den USA, besser bekannt als „True Grift"[34], die den Begriff der „Peer Care"

---

[32] Bundesamt für Justiz, Lebensende im Justizvollzug, 9.
[33] Vgl. die vergleichbare Diskussion vor einigen Jahren bzgl. der Suizidprävention.
[34] Vgl. dazu Ghanem, Christian/Kenkmann, Andrea, Psychosoziale Unterstützungsangebote für lebensältere Menschen in Haft. Eine Literaturanalyse, in: Bewährungshilfe, 4/2019, 320–344;

prägt, also Fürsorge/Sorgearbeit[35] innerhalb der Bezugsgruppe. Diese Peer-Care prägt dann den Haftalltag, und die Angehörigen der Bezugsgruppe erhalten darin eine Aufgabe. Inhaftierte, die in diesem Programm mitwirken, geben an, dass sie jene Care nicht nur für den Mitgefangenen leisten, sondern sie verstehen sie teilweise auch als ein Stück Wiedergutmachung ihrer Taten.[36] Das Programm „True Grift" ist partizipativ entstanden: Es beteiligte alle Betroffenen in der Konzeptentwicklung – auch Inhaftierte. Es wäre lohnend, diese Idee auch für den hiesigen Kontext weiterzudenken, weil damit Beziehungsarbeit möglich werden könnte, die nicht nur für den sterbenden Inhaftierten tröstend, sondern (durch die Übernahme einer Aufgabe und er dazugehörigen Verantwortung) auch für den sorgenden Inhaftierten stützend sein könnte.

Schluss

Es lässt sich zusammenfassen, dass Altern und Sterben als Teil des Lebens von Selbstbestimmung geprägt sein sollten, diese Selbstbestimmung aber den Aspekt der Relationalität umfasst. Wenn ein Gefangener draußen sterben möchte, sollte das ermöglicht werden. Wenn er drinnen sterben möchte, sollte das ermöglicht werden. Dazu sind Rahmenbedingungen zu gestalten. Da diese Aufgabe nun an vielen Stellen dringlich wird, wäre es wünschenswert, dazu Leitlinien zu entwickeln, wie es teilweise passiert, an deren Erstellung möglichst alle Entscheidungsträger, Ausführende und Betroffene beteiligen werden, sowie *Good Practice* Beispiele auszutauschen.

Literatur

Becka, Michelle, Strafe und Resozialisierung. Hinführung zu einer Ethik des Justizvollzugs, Münster 2016.

Bielefeldt, Heiner, Entleerung des Autonomieprinzips: Zum Urteil des Bundesverfassungsgerichts über Suizidassistenz, in: Stimmen der Zeit, 8/2020, URL vom 17.02.2022: https://www.herder.de/stz/hefte/archiv/145-2020/8-2020/entleerung-des-autonomieprinzips-zum-urteil-des-bundesverfassungsgerichts-ueber-suizidassistenz.

Bundesamt für Justiz, Schweiz (Hg.), Lebensende im Justizvollzug, Informationen zum Straf- und Massnahmenvollzug, 2/2016.

Deutsche Gesellschaft für Palliativmedizin/Deutscher Hospiz- und Palliativverband/ Bundesärztekammer (Hg.), Charta zur Betreuung schwerstkranker und sterbender Menschen, Berlin 2010.

---

[35] Der Begriff „Care" wird meist nicht übersetzt, weil er verschiedene Dimensionen umfasst. In erster Linie ist Pflege gemeint, aber eben auch Fürsorge, Betreuung, Sorgfalt etc.
[36] Vgl. Ghanem/Kenkmann, Psychologische Unterstützung, 337.

Ghanem, Christian/Kenkmann, Andrea, Psychosoziale Unterstützungsangebote für lebensältere Menschen in Haft. Eine Literaturanalyse, in: Bewährungshilfe, 4/2019, 320-344;

Haker, Hille, Towards Critical Political Ethics, Freiburg/Würzburg 2020.

Heimbach-Steins, Marianne, Sozialprinzipien, in: Dies. et al. (Hg.), Christliche Sozialethik. Grundlagen – Kontexte – Themen, Regensburg 2022 (im Erscheinen).

Hostettler, Ueli; Marti, Irene; Richter, Marina, Lebensende im Justizvollzug. Gefangene, Anstalten, Behörden, Bern 2016.

Kenkmann, A./Erhard, S./Maisch, J./Ghanem, C. (2020), Altern in Haft – Angebote für ältere Inhaftierte in der Bundesrepublik Deutschland, in: Kriminologie – Das Online-Journal, 1/2020, 101–122.

Lob-Hüdepohl, Andreas, Altern und Sterben im Gefängnis. Ethische Probleme in hochkomplexen Wirklichkeiten, in: Bewährungshilfe, 4/2019, 293-307.

Lutz-Bachmann, Matthias, Autonomie, I. Philosophisch, in: Staatslexikon online, URL vom 17.02.2022: https://www.staatslexikon-online.de/Lexikon/Autonomie.

Meyer, Liane, Eine empirische Perspektive auf die gesundheitliche Situation älterer Inhaftierter, in: Bewährungshilfe, 4/2019, 308-319.

Nationale und internationale Angebotslandschaft für lebensältere Gefangene[1]

Christian Ghanem, Andrea Kenkmann

„Aging Prisoner Crisis"

In den meisten Ländern steigen die Zahlen älterer Gefangener stetig an. Je nach Berechnungszeitraum und Nation fällt der Anstieg der über 60-jährigen Gefangenen unterschiedlich aus, doch eine Zunahme von über 100 % innerhalb einer Dekade ist keine Seltenheit (Stevens et al. 2018). Während es in Deutschland in der Zeit von 1991 bis 2014 einen Anstieg der über 60-jährigen Inhaftierten von 342 % gegeben hat (Meuschke 2018, S. 404), ist die Zahl der älteren Inhaftierten in den letzten Jahren vergleichsweise stabil geblieben. Da in Deutschland aber die Gesamtzahl der Gefangenen seit 2007 zurückgegangen ist, hat sich auch hier der prozentuale Anteil der älteren Gefangenen deutlich erhöht.

Unter den 42.014 Erwachsenen in Strafhaft (Stichtag: 30.06.2021) sind gut 5 % der Inhaftierten 60 Jahre und älter (Statistisches Bundesamt 2021). Zählt man auch die über 50-Jährigen zu dieser Personengruppe, wofür es plausible Gründe gibt und was in den meisten Ländern gängige Praxis ist (Ghanem/Kenkmann 2019; Merkt et al. 2020), kommt man auf einen Anteil von 12,3 %. In der Sicherungsverwahrung beobachten wir sogar einen Anteil von etwa 30 % von über 60- und 71 % über 50-jährigen Verwahrten.

Es ist jedoch nicht allein der steigende Anteil älterer Menschen in Gefängnissen mit ihren spezifischen Bedürfnissen (für einen Überblick über Spezifika dieser Gruppe siehe Wilkinson/Caulfield 2020), die Wissenschaftler:innen von einer „aging prisoner crisis" (Maschi et al. 2013, S. 543) reden lassen, sondern auch die damit einhergehende, unzureichend altersgerechte Versorgung in den Gefängnissen, die i. d. R. auf jüngere Menschen ausgerichtet sind. In den unterschiedlichsten Ländern verweisen Forschungen auf Zustände von Vernachlässigung und mangelnde Unterstützungsangebote für diese vulnerable Gruppe (Aday/Farney 2014; Ojo/Okunola 2014; Potter et al. 2007; Tipper 2011). Turner et al. (2018)

---

[1] Dieser Text basiert auf einem Vortrag im Rahmen der Fachwoche Straffälligenhilfe am 30. November 2021, bei dem die Ergebnisse von zwei Studien vorgestellt wurden. Mit freundlicher Genehmigung der jeweiligen Verlage der Primärpublikationen (Ghanem/Kenkmann 2019; Kenkmann et al. 2020) werden Teile dieser Texte in dieser zusammenfassenden Darstellung nochmals genutzt.

sprechen von einer „double burden" (S. 161), also einer doppelten Last für ältere Inhaftierte, da sie neben der Last der Strafe auch die Last der nicht adäquaten Versorgung tragen und die Gefahr besteht, dass sie aufgrunddessen in Haft versterben. Somit können sich Strafen unabhängig vom Strafmaß zu ‚lebenslänglichen' Freiheitsstrafen entwickeln, wodurch sich spezifische Herausforderungen für den Vollzug in der Begleitung von Sterbeprozessen ergeben (Marti et al. 2017).

Ein wesentlicher Aspekt der unzureichenden Versorgung betrifft die Angebote zur Gesundheitsförderung und -erhaltung (für eine Zusammenfassung der gesundheitlichen Lage und empirische Analyse des Gesundheitszustandes deutscher Inhaftierter siehe Meyer 2022). Beschleunigte Alterungsprozesse, ausgelöst durch Einflüsse des individuellen Lebensstils, als auch durch die deprivierenden Haftbedingungen (Leigey/Aday 2022), führen dazu, dass die meisten lebensälteren Gefangenen Multimorbidität und einen wesentlich schlechteren Gesundheitszustand im Vergleich zur gleichaltrigen, nicht inhaftierten Population aufweisen (Greene et al. 2018; für Deutschland siehe Meyer 2022). Die World Health Organisation fordert deshalb schon seit Längerem, dass durch regelmäßige Untersuchungen Erinnerungsvermögen, Hör- und Sehfähigkeit und der Gesundheitszustand älterer Inhaftierter überprüft werden sollten, um gesundheitliche Probleme zu erkennen und ihnen angemessen zu begegnen (WHO 2014, S. 156).

Williams et al. (2012) verstehen die „aging prisoner crisis" nicht nur als die mangelnde Versorgung in Haft, sondern verweisen damit auch auf die hohen Kosten für eine Gesellschaft, die durch eine nicht angemessene intramurale Versorgung entstehen. Da viele ältere Inhaftierte bei ihrer Entlassung einen sehr schlechten Gesundheitszustand aufweisen und anschließend oft in vergleichsweisen teuren stationären Einrichtungen untergebracht werden müssen, entstehen auch nach der Haft entsprechend hohe Folgekosten. Unter anderem aufgrund des Abbruchs sozialer Bindungen und der eingeschränkten Chancen der Wiedereingliederung in verschiedene soziale Bezüge und Arbeitsverhältnisse spricht Görgen (2005) davon, dass Haft für diese Zielgruppe „biographische Optionen in irreversibler Weise" (S. 116) versperrt. So bleiben die Pflege und Versorgung der Entlassenen oft weiterhin Aufgabe des Staates.

Die gesundheitlichen Herausforderungen der älteren Inhaftierten zeigen sich auch vielfach auf psychosozialer Ebene. Dazu zählt eine signifikante Abnahme von Extraversion (Meuschke 2018) und ein Rückzug in die Privatheit der Zelle (Wahidin 2002). So kann man sich einer „Macho-Kultur", die Maskulinität und Stärke favorisiert (Di Lorito et al. 2018, S. 258), und einer potenziellen Viktimisierung (Kerbs/Jolley 2007) zumindest ansatzweise entziehen. Solchen Belastungen und Dynamiken zu begegnen ist Aufgabe der Vollzugsgestaltung. So zeigen die Studienergebnisse von Baidawi, Trotter und Flynn (2016), dass Sicherheitsgefühle, eine geringe Viktimisierung, aktivierende Bewegungsprogramme, das Maß an tagesstrukturierender Beschäftigung und eine wahrgenommene soziale Unterstützung seitens des Vollzugspersonals entsprechende Belastungsmomente verringern können.

Ältere Gefangene weisen zudem eine erhöhte Prävalenz psychischer Beeinträchtigungen auf. Eine Studie aus England kommt zu dem Ergebnis, dass 50 % der über 50-jährigen Inhaftierten eine diagnostizierbare psychische Erkrankung aufe weisen, aber nur 18 % davon geeignete Medikamente erhalten (Kingston et al. 2011). Auch in Deutschlands Gefängnissen kann eine ähnlich erhöhte Prävalenz von psychischen Störungen beobachtet werden (Opitz-Welke et al. 2018; Verhülsdonk et al. 2021a; Verhülsdonk et al. 2021b). Da der mangelnde Zugang zu medizinischer Versorgung einen wesentlichen Belastungs- und Stressfaktor für ältere Inhaftierte darstellt (Baidawi/Trotter 2016), ist eine Verstärkung der psychischen Probleme wahrscheinlich. Inwiefern sich altersgerechte Freizeitprogramme hier positiv auswirken können, ist bisher unzureichend evaluiert (Baidawi et al. 2016). Bzgl. Traumata und Stress kommt eine systematische Literaturanalyse jedoch zu dem Ergebnis, dass der Vollzug diesen Belastungen entgegenwirken könne, indem Alltagsbeschäftigung, religiöse und soziale Aktivitäten sowie der Kontakt zu Familie, Freund:innen ermöglicht und gefördert werde (Maschi et al. 2015, S. 433).

Dieser Überblick über die spezifischen Bedürfnisse von lebensälteren Inhaftierten zeigt deutlich, dass Haftanstalten in zunehmenden Maße gefordert sind, ihren Aufgaben im Rahmen eines Behandlungsvollzugs und der obersten Zielsetzung der Resozialisierung angemessen nachzukommen. Da jedoch wenig bekannt ist über die Angebote zur psychosozialen Unterstützung, wurden zunächst durch eine Literaturanalyse die Angebote aus anderen Ländern systematisch zusammengetragen. Zudem wurde eine Umfrage in den deutschen Bundesländern durchgeführt, wobei von den 16 nur 14 Länder teilgenommen haben. Für weitere Informationen zu den Studiendesigns, Auswertungsverfahren und eine Liste der einbezogenen internationalen Literatur verweisen wir auf Ghanem und Kenkmann (2019) sowie Kenkmann et al. (2020).

Angebote für lebensältere Inhaftierte im In- und Ausland

Die Ergebnisse der beiden Studien zeigen, dass nicht nur eine heterogene Angebotslandschaft besteht, sondern auch erhebliche Unterschiede zwischen den Nationen sowie zwischen den Bundesländern. In diesem Kapitel werden zunächst zentrale Ergebnisse der Umfrage bei den Justizministerien der Länder vorgestellt, bevor auf Basis der internationalen Angebotslandschaft mögliche Ansatzpunkte für zukünftige Entwicklungsprozesse deutscher Justizvollzugsanstalten (JVAen) abgeleitet werden.

Maßnahmen für lebensältere Inhaftierte in Deutschland

Abbildung 1 zeigt die regionale Verteilung von bestehenden und sich in Planung befindenden spezifischen Haftplätzen für Lebensältere. Für diese Gruppe stehen

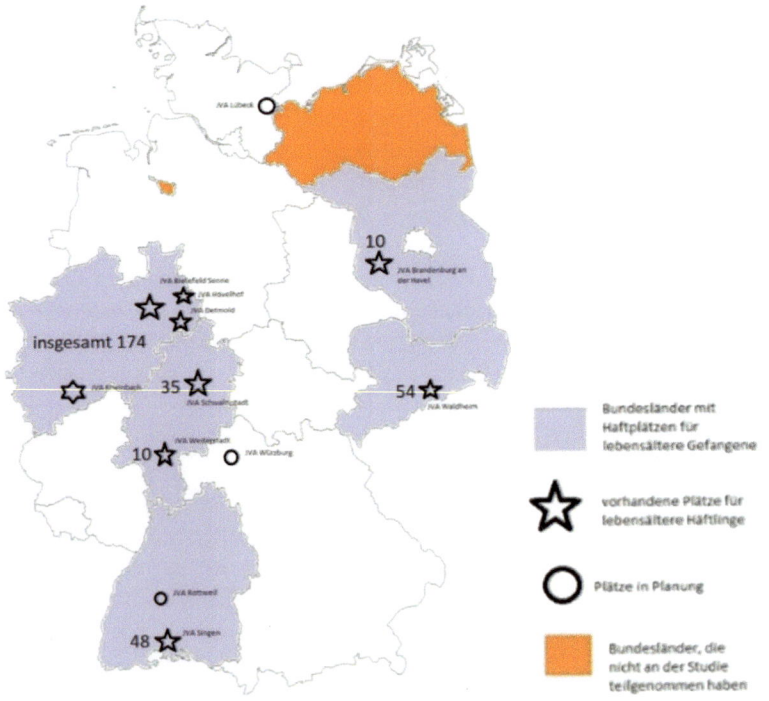

Abbildung 1: Speziell für Lebensältere ausgewiesene Haftplätze in separaten Abteilungen, sowie entsprechende Belegungskapazitäten (Stand: Januar 2019)

in den befragten Bundesländern im Gesamten 331 spezifische Haftplätze zur Verfügung. Hier werden regionale Unterschiede sichtbar. In Nordrhein-Westfalen sind 174 Plätze vorhanden, das heißt für ca. 27 % der 643 Lebensälteren werden dort derartige Haftplätze vorgehalten. In Sachsen ist sogar für ca. jeden zweiten der 107 Gefangenen über 60 Jahre einer der 58 Plätze der Seniorenabteilung der JVA Waldheim vorhanden. Laut Berger-Zell (2019) befindet sich auch ein eigener Haftbereich für ältere Frauen in der JVA Chemnitz, der aber in der Umfrage nicht erwähnt wurde. In Baden-Württemberg, Hessen und Brandenburg haben weniger als 20 % der über 60-Jährigen Zugang zu spezifischen Haft% plätzen. Die anderen Bundesländer geben an, keine derartigen Haftplätze vorzuhalten, wobei einzelne Bundesländer erwähnen, dass diese Zielgruppe teilweise in geschützten Wohngruppen oder Krankenabteilungen verlegt werde. Daraus ergeben sich folgende Modelle der Unterbringung:

Separierte Haftplätze

Dieses Modell beinhaltet die Unterbringung in speziell für die Bedürfnisse von lebensälteren Inhaftierten konzipierten und abgegrenzten Abteilungen. Derzeit ist dieses Modell in fünf Bundesländern vorzufinden. Die Anzahl der Haftplätze variiert zwischen 10 Plätzen in der JVA Brandenburg an der Havel und 87 in der JVA Bielefeld-Senne. Aus Brandenburg wird jedoch berichtet, dass Lebensältere ohne gesundheitliche Einschränkungen generell nicht in separierten Abteilungen untergebracht werden. Hier stehen lediglich die allgemein angebotenen Behandlungs- und Freizeitmaßnahmen in Haft bereit.

Bereits 1970 wurde die Außenstelle Singen der JVA Konstanz für den Vollzug von älteren Gefangenen genutzt. In anderen Bundesländern entstanden separate Abteilungen für lebensältere Gefangene erst sehr viel später. So entstand beispielsweise die Abteilung für Lebensältere in der JVA Detmold erst 2007 (Andermann 2016). Dass sich die Entwicklung hin zu spezifischen Haftplätzen weiter fortsetzt, wird dadurch deutlich, dass eine Erweiterung der Haftplätze für Lebensältere in drei Bundesländern in Planung ist. So wird aus Baden-Württemberg berichtet, dass ein barrierefreier Bereich in der neu zu errichtenden JVA Rottweil vorgesehen ist. Die Fertigstellung erfolgt voraussichtlich 2026. Ob dort eine weitere Abteilung für Lebensältere entstehen wird, ist noch nicht endgültig entschieden, scheint aber möglich. Es sind dort 75 barrierefreie Haftplätze geplant, die unter anderem der Unterbringung älterer Gefangener dienen sollen (siehe auch Kleine Anfrage im Landtag Baden-Württemberg vom 28.02.2018). In Bayern war zum Zeitpunkt der Erhebung in der JVA Würzburg eine Station mit 11 Plätzen für lebensältere männliche Gefangene geplant, welche unseres Wissens mittlerweile in Betrieb genommen wurde. Erste bauliche Maßnahmen, wie die Erhöhung der Betten, um das Aufstehen und Zubettgehen zu erleichtern, wurden bereits durchgeführt. Geplant sind außerdem Toilettenhaltegriffe, Duschsitze und eine zweite Matratze pro Bett. Auch der geplante Neubau der JVA Marktredwitz soll eine geriatrische Abteilung erhalten (Wölfl 2017), wobei dies im Rahmen der Umfrage unerwähnt blieb. In Schleswig-Holstein ist in der JVA Lübeck eine Abteilung mit ca. 10 Plätzen für Lebensältere geplant, die Fertigstellung wird frühestens 2023 erwartet. Da Bayern und Schleswig-Holstein somit erstmals konkrete Maßnahmen zur Einrichtung von separierten Haftplätzen für lebensältere Gefangene beabsichtigen, wird die Anzahl der Bundesländer mit diesem Modell auf sieben steigen.

Beim Zugang zu separierten Haftplätzen gibt es unterschiedliche Schwerpunkte. Während es in der Außenstelle Singen und der JVA Detmold klare Altersvorgaben gibt, d. h. Gefangene müssen bei ihrer Verurteilung mindestens das 62. Lebensjahr vollendet haben, geht es dem Land Brandenburg schwerpunktmäßig darum, dass Gefangene sich gemeinschaftsfähig erweisen und Kompetenzen für ein gewaltfreies Zusammenleben mitbringen. Als Ausschlusskriterien für diese Unterbringungsform nennt Baden-Württemberg Fluchtgefahr und Brandenburg verweist auf Anordnung von Sicherheitsmaßnahmen. Das Bundesland Hessen betont, dass eine Unterbringung im Seniorenvollzug auf Antrag der Gefangenen erfolgt und diese spezifische Vollzugsform im Vollzugsplan festgeschrieben werden muss. Nordrhein-Westfalen gibt an, dass sie grundsätzlich auf eine altersgemischte Unterbringung setzen (knapp 75 % der lebensälteren Inhaftierten werden altersgemischt untergebracht), da lebensältere Gefangene nach den Erfahrungen der Vollzugspraxis in Nordrhein-Westfalen keine homogene Gruppe darstellen würden. Viele der über 60-jährigen Gefangenen seien körperlich und geistig altersangemessen fit und müssten bzw. wollten nicht in einer Abteilung mit ausschließlich lebensälteren Gefangenen untergebracht werden. Dagegen gebe es Gefangene mit besonderer Haftempfindlichkeit oder einem erhöhten Ruhebedürfnis, die in einer Abteilung für Lebensältere besser als im Normalvollzug versorgt seien. Ob andere Bundesländer ähnliche Erfahrungen gemacht haben, blieb durch die Umfrage unbeantwortet.

Einige Bundesländer haben im Rahmen der offenen Fragen auch Hinweise auf die Konzepte der Lebensälterenabteilungen gegeben. Bei der Zielsetzung werden in den Bundesländern unterschiedliche Schwerpunkte gesetzt. In Baden-Württemberg ziele das Modell der separierten Haftplätze auf den Erhalt der förderungswürdigen sozialen Beziehungen und bestehenden Alltagskompetenzen. In Hessen gelte die Vermeidung eines körperlichen und mentalen Abbaus der älteren Gefangenen als Ziel. Darüber hinaus ist in Hessen und auch in Nordrhein-Westfalen von der Vorbereitung auf ein „gelingendes Altern" die Rede, wobei Hessen dies als eigenes Vollzugsziel formuliert. Auch wenn der Fragebogen nicht explizit die konzeptionelle Ausrichtung abgefragt hat, machen unterschiedliche Maßnahmen wie der gemeinsame Mittagstisch in der JVA Weiterstadt deutlich, dass auch der Isolation von lebensälteren Gefangenen entgegengewirkt werden soll.

Einige Rückmeldungen verweisen zudem auf die Wichtigkeit von vollzugsöffnenden Maßnahmen, um eine soziale Integration zu fördern. Die Konzeption der Außenstelle Singen der JVA Konstanz in Baden-Württemberg sieht zum Beispiel einen nach innen offenen Vollzug vor. Konkret wird von folgenden Maßnahmen berichtet:

- Öffnung der Haftraume von 7 bis 22 Uhr, währenddessen können sich die Gefangenen innerhalb des Hauses frei bewegen.
- Der Anstaltshof steht von 8 bis 20 Uhr, im Winter bis zum Einbrechen der Dunkelheit, zur Nutzung zur Verfügung.
- Der Tagesablauf kann von den Inhaftierten mitbestimmt werden.
- Die Besuchszeiten betragen bis zu 6 Stunden pro Monat.
- Die Fitnessräume stehen auch nach Arbeitsende zu Verfügung.
- Im Rahmen von Begleitausgängen finden Angebote wie Wanderungen, Stadteinkäufe oder Museumsbesuche für Gruppen von 6 bis 8 Gefangenen statt. Solche Angebote werden auch für Inhaftierte mit langen Freiheitsstrafen als Erprobung für weitere vollzugsöffnende Maßnahmen eingesetzt.

Von der JVA Schwalmstadt-Kornhaus in Hessen wird berichtet, dass die Möglichkeit der Außenarbeit für Gefangene mit gelockerten Haftbedingungen bestehe. In Nordrhein-Westfalen stehe ein Großteil der vorhandenen Haftplätze für Ältere im offenen Vollzug zur Verfügung (136 der 174 Plätze).

Nordrhein-Westfalen und Baden-Württemberg geben explizit an, dass alle Haftplätze für lebensältere Männer vorgesehen seien. Von keinem der anderen teilnehmenden Bundesländer werden separate Abteilungen für lebensältere Frauen erwähnt, wobei der Fragebogen auch keine spezifische Frage dazu beinhaltet hat.

Integrierte Haftplätze

Dieses Modell zielt grundsätzlich auf eine Unterbringung lebensälterer Gefangener im allgemeinen Vollzug ab. Als Argument für das Modell der integrierten Haftplätze wird im Fachdiskurs vor allem die dezentrale heimatnahe Unterbringung angeführt, in der Kontakt zu den Angehörigen besser gepflegt werden könne. Rheinland-Pfalz erwähnt, dass durch eine zentrale Unterbringung den oft auch älteren Angehörigen der Besuch erschwert werden würde. Integrierte

Haftplätze sind zwar strukturell identisch mit allen anderen Haftplätzen, jedoch werden für diese Inhaftierten altersspezifische Angebote bereitgestellt. Eine klare Abgrenzung zum allgemeinen Vollzug ohne spezifische Angebote stellt sich als schwierig dar, da aus den vorliegenden Daten teilweise nicht darauf geschlossen werden kann, ob die angegebenen Angebote tatsächlich zielgruppenspezifisch entwickelt wurden oder ob es sich um Angebote für alle Gefangenen handelt, die u. a. auch Lebensältere nutzen können. Dennoch geben einige Bundesländer an, auch altersspezifische Angebote entwickelt zu haben, die im Modell der integrierten Haftplätze implementiert wurden. So werden beispielsweise in Rheinland-Pfalz in manchen JVAen spezifische Bewegungsangebote, Ergo-, Arbeits- oder Kunsttherapie für Ältere angeboten. Bayern berichtet von einer JVA, in der eine Ü60-Gruppe angeboten werde, die sich mit Themen des Älterwerdens befasse. In Berlin gebe es in einigen Anstalten Seniorensport und Beratungsdienste für Lebensältere. Auch in Niedersachsen und Schleswig-Holstein seien in einzelnen JVAen seniorenspezifische Angebote vorhanden. Auffällig ist hierbei jedoch, dass es sich nicht um flächendeckende Angebote handelt. Allein Hamburg und Sachsen-Anhalt gaben an, keinerlei seniorenspezifische Angebote bereitzuhalten.

Verlegung von älteren Inhaftierten in eine Krankenabteilung oder geschützte Wohngruppe
In Bundesländern, in denen es keine spezifischen Haftplätze für lebensältere Inhaftierte gibt, werden pflegebedürftige ältere Gefangene zum Teil in Krankenabteilungen oder Wohngruppen in geschützten Bereichen untergebracht. So werden lebensältere Strafgefangene mit gesundheitlichen Problemen in Bayern in unterschiedlichen JVAen vorsorglich in den Krankenabteilungen untergebracht. Es wird darauf verwiesen, dass dieses Vorgehen einen ruhigeren und geschützteren Alltag im Vollzug ermöglichen soll. Weibliche Gefangene, die mit altersbedingten oder gesundheitlichen Einschränkungen konfrontiert sind, werden in einer bayerischen JVA in eine Station direkt neben der Krankenabteilung im Erdgeschoss verlegt. Bei diesen Maßnahmen scheinen die medizinischen Aspekte der Situation der Betroffenen bzw. die Behandlung entsprechender Probleme im Vordergrund zu stehen. In einer weiteren bayerischen JVA werden lebensältere Gefangene gemeinsam mit besonders hilfs- und zuwendungsbedürftigen Gefangenen untergebracht, deren Unterbringung im normalen Vollzug eine übermäßige Belastung darstellen würde.

Auch wenn es für sich genommen plausible Argumente für integrierte und separierte Haftplätze gibt (bei der Unterbringung in einer Krankenabteilung kann durchaus bezweifelt werden, ob hier eine Passung mit den Bedürfnissen von alternden Menschen besteht), besteht wenig Zweifel, dass in beiden Unterbringungsformen altersspezifische Angebote für ältere Inhaftierte entwickelt werden müssen, um den oben beschriebenen Bedürfnissen gerecht zu werden. Bei der Länderumfrage hat sich gezeigt, dass dieser Bedarf weitgehend anerkannt wird und sich eine vielfältige Angebotslandschaft entwickelt hat, die in Tabelle 1 zusammengefasst wird. Bei dieser Zusammenstellung muss jedoch berücksichtigt werden, dass die Angebote auf einzelne Haftanstalten zurückgehen, wohingegen für die meisten JVAen keine altersspezifischen Maßnahmen berichtet wurden. Da sich Abteilungen für Lebensältere durch eine alterssensible Vollzugsgestaltung auszeichnen, wird von dort schlusslogisch eine größere Bandbreite an Angeboten berichtet als aus Anstalten ohne spezifische Haftplätze. In Kenkmann et al. (2020) sind ausführlichere Beschreibungen der einzelnen Maßnahmen nachzulesen.

	Genannte Angebote in JVAen mit spezifischen Haftplätzen	Genannte Angebote in JVAen ohne spezifische Haftplätze
Altersspezifische Gesundheitsförderung	Gemeinsame Koch- und Ernährungskurse, Seniorenschwimmkurs, Hygieneschulungen, Gedächtnistraining, Physiotherapie in Form von Bewegungsübungen, Diabetikerschulung	Bewegungs- und Sportgruppen, Gruppenangebote zur geistigen und körperlichen Mobilisierung, Ergotherapie, Rentnerspaziergänge
Arbeit/ Beschäftigung	Beschäftigungstherapie zum Erhalt der Tagesstruktur, altersgerechte Arbeitsaufträge in einem speziellen Arbeitsraum, leichte Gartenarbeit, Gemüseanbau, Arbeitstherapie als Hausarbeiter und im Rahmen von Außenarbeit für Gefangene mit gelockerten Haftbedingungen	Arbeitstherapie
Förderung sozialer Kompetenzen	Gesprächsgruppe mit Seelsorger:innen, Ressourcenstärkung durch Vermittlung von Alltagskompetenzen wie Reinigung, Kochen, Ernährung, Kommunikations- und Motivierungskurse, gemeinsames Mittagessen, Freiräume für Gefangene, den Tagesablauf eigenständig und mitbestimmend zu gestalten	Gesprächsgruppen
Bildung und Freizeit	Computerkurse, Englischkurse, Literaturlesungen, Filmvorführungen, Malkurse, Freizeitgruppen, Spielenachmittage, Imkerei, Papierwerkstatt, Kreativkurse	Bücher und DVDs, die speziell auf die Interessen Lebensälterer ausgerichtet sind, Kunsttherapie, Spielenachmittage

	Genannte Angebote in JVAen mit spezifischen Haftplätzen	Genannte Angebote in JVAen ohne spezifische Haftplätze
Wiedereingliederung	Beratung in Rentenbeantragung, Entlassungsvorbereitungen	Informationen zu Alter und Rente, altersspezifische Beratung, Gesprächsgruppen

Tabelle 1: Genannte Angebote für ältere Inhaftierte in deutschen Haftanstalten

Mögliche Ansatzpunkte der Vollzugsgestaltung vor dem Hintergrund der internationalen Angebotslandschaft

Durch eine systematische Literaturanalyse von 39 internationalen Publikationen (überwiegend aus dem angloamerikanischen Sprachraum), konnte ein Überblick über altersspezifische Angebote erstellt werden (Ghanem/Kenkmann 2019)[2]. Durch eine Kontrastierung dieser internationalen Angebotslandschaft mit der deutschen können Differenzen herausgearbeitet werden, die auf mögliche Ansatzpunkte für zukünftige Entwicklungsprojekte in JVAen verweisen. Wie in der Primärpublikation bereits berichtet, bestehen vielfältige Angebote in unterschiedlichen Bereichen wie alltägliche Aktivierungsmaßnahmen bis hin zu integrierten Handlungskonzepten, die sich durch eine holistische Sicht auf Alter auszeichnen und eine entsprechend passgenaue Vollzugsgestaltung anbieten. Die folgenden Ausführungen beschränken sich auf die zentralen Unterschiede im Vergleich zu Deutschland, sowie zentrale empirische Befunde internationaler Maßnahmen, um so Reflexionen über etwaige Neuerungen anzuregen.

„Peer Care"

Der wohl deutlichste Unterschied zwischen Angeboten im In- und Ausland ist der systematische Einbezug von Mitinhaftierten in Pflege- und Unterstützungstätigkeiten. In Anlehnung an Stewart (2018, S. 19) wird hier der Begriff „Peer Care" genutzt, der fürsorgerische Tätigkeiten von Mitinhaftierten auf sozialer, emotionaler und physischer Ebene beschreibt.

Ein Beispiel hierfür ist das „Project Wall Talk" (Ruggiano et al. 2016, S. 631). Auch wenn es nicht spezifisch für ältere Gefangene konzipiert ist, wird das Projekt auch mit dieser Zielgruppe durchgeführt und veranschaulicht mögliche Elemente von „Peer Care"-Programmen. Mitinhaftierte bekommen ein 40-stündiges Training, in dem sie zu „peer educators" (S. 631) im Themenbereich HIV

---

[2] Parallel dazu wurde eine Studie mit ähnlicher Zielsetzung durchgeführt, die ebenfalls die Angebotslandschaft strukturiert: Lee et al. 2019

und AIDS ausgebildet werden. Die ausgebildeten Mitinhaftierten bieten formelle Bildungsmaßnahmen in diesem Bereich, als auch informelle Unterstützung und Beratung. In Texas wurden bereits bis 2004 590 „Peer Educators" ausgebildet, was zu mehr Wissen über diese Krankheiten unter den Gefangenen, zu einem Anstieg freiwilliger HIV-Tests und zu informellen Beratungsstrukturen geführt habe (Ross et al., 2006 zitiert nach Ruggiano et al. 2016, S. 632). Auch Cloyes et al. (2017) berichten am Beispiel des Hospizprogramms in Louisiana (siehe „Hospiz- und Palliativversorgung") von der Herausbildung einer informellen Lernkultur. Nicht nur entstünden informelle Unterstützungsstrukturen zwischen Hilfebedürftigen und Mitinhaftierten, sondern auch zwischen erfahrenen Freiwilligen und weniger erfahrenen. Durch ein Mentorensystem in der Ausbildung der Inhaftierten gelinge es, einerseits noch Unerfahrene von den Erfahrungen ihrer Mentoren profitieren zu lassen, und die Mentoren durch die Anleiterrolle und einem ständigen Austausch mit den zuständigen Sozialarbeiter:innen weiterzubilden sowie informelles und formelles Lernen zu verknüpfen. Wie in den folgenden Abschnitten ersichtlich wird, stellt der Einsatz von Mentoren bzw. ‚Peer Care' einen übergeordneten Ansatz dar, der für unterschiedliche Problemfelder eingesetzt wird.

Psychische Gesundheit
Wie oben bereits ausgeführt, ist aufgrund des Alterungsprozesses, der belastenden Haftsituation und der Lebensumstände vor der Inhaftierung die Prävalenz psychischer Auffälligkeiten unter lebensälteren Inhaftierten relativ hoch. Trotz dieser Erkenntnis konstatieren Fezcko (2014), Di Lorito et al. (2018) und Maschi et al. (2012) für demenzerkrankte Inhaftierte eine drastische Unterversorgung. Dennoch wird von einzelnen Initiativen in den USA und in Großbritannien berichtet. Maschi et al. (2012) sehen Gemeinsamkeiten dieser Angebote, wonach sie sich durch spezielle demenzsensible Einrichtung der Räumlichkeiten, interdisziplinäre Teams (sie fordern dabei eine Zusammensetzung aus Ärzt:innen, Sozialarbeiter:innen, Pfleger:innen, Physiotherapeut:innen, Psycholog:innen und Ernährungsberater:innen), den Einsatz von Ehrenamtlichen und zielgruppengerechte Maßnahmen für demenzerkrankte Menschen auszeichnen (ebd., S. 444 f.). Ein Beispiel hierfür ist das Gefängnis in San Luis Obispo, das eine spezielle Abteilung für Gefangene mit Demenz hat. Im Zentrum steht hier die Ausbildung von Mitinhaftierten, die bei der medizinischen Versorgung und sozialen Unterstützung mitwirken und dem Risiko einer Viktimisierung dieser vulnerablen Zielgruppe entgegenwirken sollen (ähnlich das „Gold Coats" Programm in England; Di Lorito et al. 2018, S. 257). Unter Bezugnahme auf Menschenrechte kritisieren Maschi et al. (2012) grundsätzlich eine Inhaftierung von psychisch Kranken

und fordern eine Ausweitung vorzeitiger Entlassungen u. a. durch politische und mediale Einflussnahme.

Eine weitere Studie untersucht die Effektivität einer 10-wöchigen verhaltenstherapeutischen Maßnahme (BE-ACTIVE) zur Behandlung von Depressionen auf einer haftinternen Pflegestation (Meeks et al. 2008). Das Programm umfasst sowohl Motivationsförderung als auch eine Schulung mit Pflegekräften und setzt auf eine Verbesserung der Beziehung zwischen ihnen. Die Ergebnisse verweisen auf eine Verbesserung der depressiven Symptomatik. Da die Teilnahmebereitschaft jedoch sehr gering war, basieren diese Erkenntnisse auf den Daten von nur vier Teilnehmenden. Zur psychischen Unterstützung von Inhaftierten mit chronischen Krankheiten wurde in Australien ein altersspezifisches Sportprogramm angeboten (Cashin et al. 2008). Positive Auswirkungen auf das psychische Wohlbefinden konnten aber nicht nachgewiesen werden.

Ein weiterer Bezugspunkt von Forschungen in diesem Bereich sind traumatische Erlebnisse und/oder Stress unter den Inhaftierten (Baidawi et al. 2016; Di Lorito et al. 2018; Hongo et al. 2015; Maschi et al. 2015; Sanders et al. 2018). In einem umfangreichen systematischen Review konnten Maschi et al. (2015) herausarbeiten, dass erfolgversprechende Interventionen für diese Zielgruppe an der Selbstkontrolle, Achtsamkeit bzgl. der eigenen Emotionen, sozialen und beruflichen Funktionsfähigkeit, Religiosität und der sozialen Unterstützung durch Familie, Freundschaften und Mitinhaftierten ansetzen (vgl. auch Baidawi et al. 2016). Beispielsweise setzt eine 6-wöchige kunsttherapeutische Maßnahme an der Achtsamkeit und dem Ausdruck der eigenen Emotionen sowie der sozialen Unterstützung unter Mitgefangenen an (Hongo et al., 2015). Durch Medien der Kunst, strukturiert durch verschiedene Übungen und in Abwesenheit von Gefängnispersonal setzen sich die Teilnehmerinnen mit dem Thema Trauma auseinander und können so – laut eigener Aussage – lernen, Emotionen zum Ausdruck zu bringen, als auch ein Zusammengehörigkeitsgefühl und gegenseitiges Verständnis entwickeln.

Hospiz- und Palliativversorgung

Themen rund um das Lebensende sind zentrale Bezugspunkte in der fachlichen Diskussion über Alter und Inhaftierung. Bereits in den 1980er-Jahren wurden in den USA die ersten Hospizprogramme in Zusammenarbeit mit externen Trägern der Hospizversorgung gegründet (Dawes 2002). Im Jahr 2000 wurden Standards für einen angemessenen Umgang mit dem Lebensende in Haft formuliert (GRACE Project 2000).

Dass eine Hospizversorgung in Haft in den USA seit langem zentrale Bedeutung hat, wird auch durch den Zusammenschluss der einzelnen Hospizdienste im Rahmen der National Prison Hospice Association in 1991 (Dawes 2002) oder der Veröffentlichung entsprechender Qualitätsstandards (‚Quality Guidelines for Hospice and End-of-Life Care in Correctional Settings') der Nationalen Organisation für Palliativ- und Hospizpflege (National Hospice and Palliative Care Organization 2009) deutlich. Auch wenn immer wieder eingewendet wird, dass der Freiheitsentzug einer angemessenen Hospizversorgung diametral entgegensteht (Dawes 2002; ähnlich hierzu Wulf/Grube 2012), haben die Umstände, dass die wenigsten sterbenden Inhaftierten die Möglichkeit einer vorzeitigen Entlassung haben (Sanders et al. 2018), dazu geführt, dass bis 2014 bereits 70 Hospizprogramme in den US-amerikanischen Haftanstalten etabliert wurden (Fezcko 2014; wobei zu manchen genannten Programmen keine Beschreibungen zu finden sind, wie z. B. für das Hospizprogramm für Frauen im Tutwiler Prison in Alabama; Williams/Rikard 2004).

Die meisten Hospizdienste sind in die Justizvollzugskrankenhäuser integriert, wobei es auch separate Hospizabteilungen gibt (Linder/Meyers 2009). Dawes (2002) unterscheidet in unterschiedliche Modelle der Hospizpflege: Das erste Modell umfasst eigene Hospizabteilungen („Discrete Hospice Units", S. 192), die abgegrenzt sind von der restlichen Haftanstalt. Beim zweiten Modell, der dezentralisierten Pflege („Decentralized Care", S. 193), werden die Betroffenen bei einer Indikation für Palliativ- und/oder Hospizversorgung nicht in eine gesonderte Abteilung verlegt. Die Versorgung wird durch Fachpersonal in den gewöhnlichen Räumlichkeiten des Vollzugs gewährleistet.

Als drittes Modell benennt Dawes die Versorgung durch Mitinhaftierte („Prisoners Volunteers", S. 194). Anderen Publikationen zufolge ist dies jedoch nicht als eigenes, abgegrenztes Versorgungsmodell zu sehen. Vielmehr ist die Einbindung der Mitinhaftierten bei etwa der Hälfte aller Hospizdienste in den USA eine tragende Säule der Versorgung (Linder/Meyers 2009). Aufgaben umfassen Beistand (u. a. am Sterbebett) und Zuspruch der kranken und/oder sterbenden Inhaftierten sowie Unterstützung bei der Alltagsbewältigung und bei pflegerischen Tätigkeiten. Für die Freiwilligen werden spezielle Ausbildungsprogramme angeboten. Beispielsweise müssen sie im Staatsgefängnis von Louisiana ein zweiwöchiges Training durchlaufen, in dem klinische Fachkompetenz, Pathophysiologie, und Wissen über Sterbeprozesse und Hospizphilosophie vermittelt werden (Cloyes et al. 2017). Unterstützt wird diese Wissensvermittlung durch ein speziell entwickeltes Handbuch. Darüber hinaus müssen die Freiwilligen ein praktisches Training durchlaufen, in dem sie sich unter Anleitung von Fachkräften und erfahrenen Freiwilligen Fähigkeiten in der Anwendung grundsätzlicher pflegerischer Tätigkeiten aneignen können. Unter anderem aufgrund dieser strukturierten Einbindung und Ausbildung von Mitinhaftierten wird das Louisiana Staatsgefängnis immer wieder als Positivbeispiel hervorgehoben und wurde für seine „exzellente und innovative Pflege am Lebensende" (Mara 2002, S. 52) ausgezeichnet. Der aktive Einbezug nicht nur von Freiwilligen, sondern im Allgemeinen der Einbezug von Themen des Tods und Sterbens in den Haftalltag (z. B. durch Produktion von Särgen; Taylor 2002) unterstütze die Verarbeitung der krankheitsbedingten Belastungen.

Die meisten Hospiz- und Palliativdienste in Haftanstalten basieren auf einer engen Kooperation mit externen Fachdiensten, die bei der Entwicklung der Konzepte, der Ausbildung des Personals und der Durchführung der Versorgung beteiligt sind (Boyle 2002; Linder et al. 2002; Mara 2002; siehe auch McParland/Johnston 2021 für unterschiedliche Kooperationsformen). Eine enge Zusammenarbeit zwischen Vertreter:innen unterschiedlicher Professionen wird dabei als zentral für eine gelingende Versorgung hervorgehoben (Cloyes et al. 2017; Linder/Meyer 2009). Darüber hinaus wird betont, dass spezialisierte Haftanstalten einen Fokus auf die Aufrechterhaltung familiärer Kontakte bzw. Kontakte zu anderen nahen Bezugspersonen gewährleisten sollen (Boyle 2002; Linder/Meyer 2009; Mara 2002). Dies soll nicht nur durch den Einbezug von Mitinhaftierten in Pflegeentscheidungen und -prozessen gewährleistet werden, sondern auch durch verlängerte Besuchszeiten oder auch Videobotschaften von Angehörigen (Evans et al. 2002). Da dies jedoch die extrem belastende Vorstellung, allein in Haft zu sterben (vgl. Dawes 2002) kaum schmälern kann, wird in vielen Publikationen zum Thema betont, dass dafür Sorge getragen werden muss, dass eine vorzeitige Entlassung angestrebt und wesentlich häufiger realisiert werden sollte.

Zu einer ähnlichen Schlussfolgerung gelangt auch Albertus (2017). Mit Bezug auf eine Palliativstation in einem Gefängnis in Südafrika (Westville Prison) stellt sie fest, dass es hier Personalengpässe und deutliche Versorgungslücken gebe (vgl. auch Thivierge-Rikard/Thompson 2007, die empirisch feststellen, dass eine spezialisierte Unterbringungsform auch mit einer schlechteren Versorgung einhergehen kann) und die fehlende Versorgung für eine Entlassung der allermeisten todkranken Inhaftierten spreche.

Im Gegensatz zu diesen Angeboten im Bereich der Palliativversorgung in Haftanstalten steckt dieses Thema in Deutschland noch in den Kinderschuhen. Auch wenn einzelne Bundesländer in der Länderumfrage (Kenkmann et al. 2021) angeben, bei Bedarf externe Dienste hinzuzuziehen, scheinen Hospiz- und Palliativangebote in Deutschland strukturell nicht verankert zu sein.

Übergangsmanagement, Rechtsberatung und Entlassung

In der Literatur wird ein Mangel an altersgerechter Entlassungsvorbereitung konstatiert, der z. B. einer fehlenden Erwerbstätigkeit/-fähigkeit, eingeschränkten sozialen Beziehungen und einem altersspezifischen Hilfebedarf (z. B. medizinische und pflegerische Versorgung einschl. Versicherungsschutz, Kompensation von Folgen aus langjährigen Haftstrafen) nach der Entlassung gerecht werde (Maschi et al. 2014; Masters et al. 2016; Ruggiano et al. 2016). Entsprechend ist dies ein Thema, das sich sowohl in der internationalen als auch in der nationalen Angebotslandschaft abbildet.

In Deutschland ist hier insbesondere das Projekt „Wiedereingliederung von älteren Gefangenen" des Vereins Chance e. V. in Baden-Württemberg zu nennen. In Zusammenarbeit mit dem Netzwerk Straffälligenhilfe wird hierbei Unterstützung für ältere Haftentlassene mit erhöhtem Hilfebedarf angeboten. Als Beispiele für den erhöhten Bedarf wurden in unserer Länderumfrage altersbedingte körperliche Einschränkungen oder die Wohnsituation genannt. Auf Anfrage der JVAen können hier Unterstützungsleistungen angeboten werden, welche von einer zentralen Koordinierungsstelle organisiert und vermittelt werden. Nach Haftentlassung werden die Betroffenen in Alten- und Pflegeheimen sowie im eigenen Wohnraum, auch durch ehrenamtlich Mitarbeitende, betreut.

In Berlin ermöglichen die Beratungsangebote der „Drehscheibe Alter" des Humanistischen Verbands Berlin-Brandenburg, dass ältere Gefangene zu altersspezifischen Fragen im Strafvollzug und nach der Haftentlassung Informationen erhalten können. Es werden regelmäßig Sprechstunden angeboten, in denen die Möglichkeit besteht, u. a. Fragen zu Pflege, Rente, Wohnen, Arbeit, Freizeit, Alltagsbewältigung zu klären und entsprechende Unterstützung zu erhalten.

Aus den Haftanstalten selbst wird beispielsweise berichtet, dass im Jahr 2018 in einer niedersächsischen JVA eine Gruppenmaßnahme für ältere Gefangene ab 50 Jahren angeboten wurde. Dort wurden u. a. Fragen der Wiedereingliederung nach der Entlassung besprochen. Es wurde aus den Rückmeldungen nicht ersichtlich, ob es sich um ein einmaliges oder wiederkehrendes Angebot handelt. Neben den beschriebenen Projekten und altersspezifischen Angeboten verweisen mehrere Bundesländer auf allgemeine Angebote im Rahmen eines Übergangsmanagements. Im Rahmen der individuellen Entlassungsvorbereitung werde auf eine mögliche vorliegende Pflegebedürftigkeit, das Wegfallen der beruflichen Wiedereingliederung und die verkürzte Lebensperspektive eingegangen.

Blickt man über die Ländergrenzen hinaus, fällt auf, dass auch beim Thema Übergangsmanagement der Einbezug von Betroffenen eine zentrale Rolle spielt. Das „Restore 50 Plus Program" in Großbritannien ist ein „ganzheitliches, gemeinwesenorientiertes Programm" (Maschi et al. 2013, S. 551), um das Wohlbefinden und die Gesundheitssituation nach der Entlassung zu fördern. In Zusammenarbeit mit Gefängnispersonal bieten ehemals Inhaftierte in einem Art Mentorensystem bedarfsgerechte Unterstützung an. Ebenfalls in Großbritannien bietet die Fachstelle „Resettlement and Care for Older Ex-Offenders (RECOOP)" (Maschi et al. 2013, S. 551) umfassende Beratung und Unterstützung für ältere Straffällige in und nach der Haft an (www.recoop.org.uk/). Auf den Ebenen Wiedereingliederung, Pflege und Rehabilitation werden hier umfassende Unterstützungsangebote bereitgehalten.

Unterstützung durch Freiwillige ist auch die Basis der Entlassungsvorbereitung und Nachsorge im Rahmen des Programms „True Grit", welches häufig als Beispiel für eine gelingende alterssensible Vollzugsgestaltung genannt wird. Externe Freiwillige aus der Zivilgesellschaft oder von spezialisierten Fachdiensten übernehmen die Beratungs- und Vermittlungsfunktion bzgl. Arbeit, Wohnen oder sonstigen Unterstützungsleistungen. Aus Ohio wird von einer Entlassungsvorbereitung berichtet, in der die Gefangenen für ein altersspezifisches Programm registriert werden, durch das sie im ganzen Bundesstaat reduzierte Güter und Dienstleistungen erwerben können und über Möglichkeiten der sozialen Unterstützung und Erwerbstätigkeit aufklärt werden (Rikard/Rosenberg 2007; Thivierge-Rikard/Thompson 2007). Jedoch werden zu den meisten intramuralen Angeboten der Entlassungsvorbereitung keine genaueren Angaben gemacht.

Weitgehende Einigkeit findet man in den Publikationen dahingehend, dass eine vorzeitige Entlassung lebensälterer Inhaftierter, insbesondere schwerkranker, ermöglicht werden sollte. Jedoch seien den rechtlichen Möglichkeiten wie z. B. in den USA, Australien, Großbritannien und Südafrika zu hohe Hürden gesetzt (z. B. „discretionary parole, inmate furloughs, or medical or compassionate release", Maschi 2013, S. 550; „release of remand detainees", Albertus 2017, S. 145; „mercy parole", Ruggiano et al. 2016, S. 635; „medical parole", Sanders et al. 2018, S. 45). Linder und Meyer (2009) argumentieren, dass die höchste Hürde die Voraussetzung sei, dass die Gefangenen keine Gefahr mehr für Gesellschaft darstellen dürfen und dies gleichbedeutend mit einer vorhandenen Bettlägerigkeit sei. Es wird auch häufig auf einen unangemessen hohen bürokratischen und langwierigen Prozess hingewiesen, der dazu führt, dass viele noch vor einer Entscheidung versterben (Dawes 2002; Linder/Meyer 2009). In Kombination mit einem politischen Klima in vielen Ländern, das humanitäre Entscheidungen für Straffällige kaum zulässt (Maschi et al. 2013), führe dies dazu, dass nur relativ wenige ältere Inhaftierte tatsächlich vorzeitig entlassen werden (Dawes 2002; Di Lorito et al. 2018).

Einige der Autor:innen fordern, dass sichergestellt werden müsse, dass die Inhaftierten und deren Angehörige über Lockerungs- und Entlassmöglichkeiten aufgeklärt werden und in entsprechenden Verfahren mehr Gehör bekommen (Albertus 2017; Dawes 2002; Linder/Meyer 2009). Sie fordern daher eine Art Beistandschaft, um die Interessen der Inhaftierten zu vertreten. Dies seien in der Praxis häufig die Sozialarbeiter:innen der Anstalt. In diesen Publikationen wird immer wieder auf ein Positivbeispiel aus den USA verwiesen, das „POPS" Programm (Project for Older Prisoners; Rikard/Rosenberg 2007). „POPS" hat sich zum Ziel gesetzt, die Belegung in Gefängnissen und die hohen Kosten für die Steuerzahler:innen zu reduzieren. Durch Mitglieder einer rechtswissenschaftlichen Fakultät werden Inhaftierte ab 55 Jahren und einem geringen Rückfallrisiko unterstützt, eine vorzeitige Haftentlassung (Aussetzung der Freiheitsstrafe, Gnadengesuche, alternative Haftformen) zu erwirken (Maschi et al. 2012). Voraussetzung hierfür sei, dass die Opfer der Straffälligen und deren Familien mit einer frühzeitigen Entlassung einverstanden sind (Rikard/Rosenberg 2007). Zudem bietet das Programm auch soziale Hilfen zur Wiedereingliederung nach der Haftentlassung an. Die Entlassenen bekommen eine 1:1-Unterstützung von freiwilligen Studierenden, die sie beim Aufbau eines sozialen Netzwerks unterstützen, um sich verschiedene Ressourcen und Unterstützungsleistungen zu erschließen. Auch wenn das Programm mittlerweile in mehreren Bundesstaaten operiert, wird von einigen Autor:innen gefordert, dies als „nationales Modell" (Rikard/Rosenberg 2007, S. 160) auszuweiten oder es an allen rechtswissenschaftlichen Fakultäten zu etablieren (Maschi et al. 2012, S. 449 mit Verweis auf Turley 2006).

Sensibilisierung des Personals

Für die Situation von lebensälteren Gefangenen sind die Bediensteten von großer Bedeutung, zumal diese die primären Ansprechpersonen für auftretende Probleme darstellen. Die Rückmeldungen der einzelnen Bundesländer verweisen darauf, dass in erster Linie der Allgemeine Vollzugsdienst und der Fachdienst für die Belange der älteren Inhaftierten zuständig sind. Da in der Länderumfrage keine Frage zur Schulung des Personals beinhaltet war, kann auf dieser Grundlage keine Aussage über die Qualifizierung bzgl. des Umgangs mit älteren Menn schen getroffen werden. Zwar hat Schleswig-Holstein bei den offenen Fragen angegeben, dass das Unterrichtsfach „Umgang mit älteren Gefangenen" in der Ausbildung des Allgemeinen Vollzugsdienstes aufgenommen wurde, jedoch wird in der Literatur ein ungedeckter Bedarf bzgl. einer flächendeckenden Qualifizierung betont (z. B. Meyer 2022, S. 272).

Ähnliche Forderungen finden sich auch in der internationalen Literatur, zumal die Bediensteten eine Schlüsselfunktion bzgl. der Erkennung entsprechender Probleme und der Einleitung von Interventionen einnehmen (Lemieux et al. 2016, S. 260). Hierfür sei eine Abkehr von der Orientierung an Sicherheitsaspekten hin zu gesundheitlichen Aspekten notwendig. So sei die Deutung des Nichteinhaltens von Regeln als Devianz unangemessen. Vielmehr stünden häufig altersspezifische Phänomene wie sensorische und kognitive Einschränkungen im Hintergrund, für deren Verständnis entsprechendes Wissen beim Personal vorhanden sein müsse (ebd.; Masters et al. 2016).

Entsprechend gibt es einige Initiativen, die sich zum Ziel gesetzt haben, das Gefängnispersonal für altersspezifische Themen zu sensibilisieren. Beispielsweise durchlaufe mittlerweile das ganze Personal in Haftanstalten in den USA ein „geriatric training" (Lemieux et al. 2016, S. 260). Über diese flächendeckenden Schulungen hinaus, wird auch von weiteren Schulungsmaßnahmen mit geringerer Reichweite berichtet. Da die meisten Verweise in den Veröffentlichungen auf Schulungsmaßnahmen ohne Erläuterungen bleiben (z. B. Nennung von Trainingsprogrammen in Virginia oder des „Aging Inmate Supervision" Programms in Florida bei Rikard/Rosenberg 2007), werden im Folgenden Personalentwicklungsmaßnahmen aufgeführt, deren Inhalte mehr oder weniger detailliert dargelegt werden.

So berichten Rikard und Rosenberg (2007) von einem Ausbildungsprogramm für Bedienstete in der größten geriatrischen Gefängnisabteilung in Ohio. Dort seien unterschiedliche Trainingsprogramme entwickelt worden mit den Schwerpunkten Sensibilisierung für Themen des Alters, rechtliche Probleme, Trauer, Tod und Sterben, Entlassungsvorbereitung und Nachsorge, Aufsicht und Anleitung älterer Gefangener als auch medizinische und ernährungsbezogene Themen.

Masters et al. (2016) berichten von der Entwicklung und Implementierung eines Trainingsprogramms für das Personal aus dem Fach- und Sicherheitsdienst. In ersten Gesprächen zwischen Wissenschaftler:innen der University of Nebraska und dem Vollzugspersonal habe sich ein deutlicher Fortbildungsbedarf herausgestellt, um Phänomene des Alterns unter den Inhaftierten angemessener interpretieren zu können. Auf Basis des konkreten Bedarfs des Personals wurde ein Curriculum für ein zweitägiges Training entwickelt. Eine Evaluation der Trainingseffekte auf Basis des Curriculums, das Wissen über das Altern auf physischer, kognitiver und sozialer Ebene umfasst (für eine detaillierte Beschreibung des Curriculums siehe Masters et al. 2016, S. 126), zeigte eine hohe Zufriedenheit der 49 Studienteilnehmer:innen mit der inhaltlichen und didaktischen Ausrichtung. Auch wenn von den Teilnehmer:innen ein Lernzuwachs berichtet wurde, konnte dies durch einen Wissenstest nicht bestätigt werden. Verbesserungsmöglichkeiten wurden vom Gefängnispersonal darin gesehen, mehr interaktive Elemente in die Fortbildung zu integrieren.

Über ein ähnliches modularisiertes Trainingsprogramm wird aus Michigan berichtet (Cianciolo/Zupan 2004). Das Training wurde von einem interdisziplinären Team (Strafrecht und Soziale Arbeit) der Northern Michigan University konzipiert. Über sechs Stunden werden in heterogenen Gruppen, die aus allen Berufsgruppen der JVAen bestehen, fünf Themenblöcke behandelt: Wahrnehmungen des Alterns, Unterscheidung zwischen ‚normalem' und ‚nicht normalem' Altern, Einführung in die häufigsten chronischen Beschwerden, rechtliche Grundlagen für eine zielgruppenspezifische Unterstützung, und Ressourcen für Unterstützungsleistungen auf nationaler und kommunaler Basis. Jedes Themenfeld wird didaktisch so aufbereitet, dass sich Vorträge, interaktive Übungen und Diskussionen abwechseln (für ein detailliertes Ablaufschema siehe Cianciolo/Zupan 2004, S. 36–38). Tendenziell wurde das Programm von den Teilnehmer:innen eher positiv evaluiert. Eine Verbesserungsmöglichkeit sehen die Autor:innen darin, das Training auf zwei Tage auszuweiten. Dieser Vorschlag wurde von anderen aufgegriffen, sodass das Schulungsprogramm im Rahmen zweitägiger Veranstaltungen für andere Bundesstaaten übernommen wurde (Wolfe 2018).

Diskussion und Perspektiven

Durch den steigenden Anteil der Strafgefangenen über 60 Jahre werden die damit einhergehenden Herausforderungen zunehmend wahrgenommen und Maßnahmen ergriffen. Die beiden Erhebungen in deutschen Bundesländern und im internationalen Raum beabsichtigen, einen Überblick über bestehende Angebote zu geben und anstehende Entwicklungs- und Implementierungsprozesse zu inspirieren. Zentral wird in diesen Prozessen die Frage nach den Vor- und Nachteilen von Lebensälterenabteilungen sein.

Einige Bundesländer plädieren für einen integrierten, heimatnahen Vollzug. Der Umgang mit jüngeren Gefangenen kann sich dabei positiv auf ältere Inhaftierte auswirken, da sie als Mentoren für jüngere agieren und sich selbst jünger fühlen können (Aday 2006). Ein weiteres Argument für den integrierten Vollzug zeigen Wangmo et al. (2015) auf. In ihrer Studie plädieren auch Gefangene zum Teil für eine altersgemischte Unterbringung, da der Strafvollzug einen ‚normaleren' Generationenmix der Gesellschaft widerspiegele. Die Ablehnung von spezifischen Angeboten in einer niedersächsischen JVA macht ebenfalls deutlich, dass sich nicht alle lebensälteren Inhaftierten altersspezifische Angebote wünschen bzw. mit der Implementierung praktische Probleme einhergehen.

Demgegenüber steht jedoch die Argumentation, dass es spezielle Bedürfnisse (siehe Einleitung) der lebensälteren Gefangenenpopulation gibt, die der allgemeine Strafvollzug nur unzureichend abdecken kann. Unsere erhobenen Daten zeigen, dass es in keinem der Bundesländer ausschließlich separierte Haftplätze für Lebensältere gibt. Eine Evaluation der unterschiedlichen Unterbringungsmodelle wäre sinnvoll, um zu identifizieren, welche Personengruppen innerhalb dieser spezifischen Gefangenenpopulation von welchen Angeboten profitieren können bzw. ob die intendierten Wirkungen altersspezifischer Maßnahmen überhaupt erreicht werden (vgl. z. B. Forsyth et al. 2021, die keine positiven Effekte eines zielgruppenspezifischen Vorgehens nachweisen konnten, wobei dies auf Implementierungsprobleme in der Praxis zurückgeführt wird).

Die gängige Praxis in vielen JVAen, lebensältere Inhaftierte in Krankenabteilungen zu verlegen, scheint jedoch den komplexen Bedürfnissen nicht gerecht zu werden. Zwar spielen Multimorbidität und chronische Krankheiten mit zunehmendem Alter eine zentrale Rolle, doch die Perspektiven für das Leben nach der Haft, die kognitiven Fähigkeiten, die sozialen Kompetenzen und die Funktionsfähigkeit im Alltag sind ebenso Aspekte von gelingendem Altern. Abteilungen für lebensältere Gefangene, wie z. B. die JVA Schwalmstadt-Kornhaus oder die Außenstelle Singen, setzen hier an und deren vielfältige Angebote spiegeln die Annahme wider, dass eine holistische Arbeit notwendig ist, um eine Perspektive auf ein eigenständigeres und selbstbestimmteres Leben nach der Entlassung zu fördern. Allgemein können wir davon ausgehen, dass eine verbesserte Reintegration in die Gesellschaft davon abhängt, in welchem Maß individuelle Ressourcen erhalten und gefördert werden. Ob dies im gewöhnlichen Strafvollzug oder im Rahmen von Abteilungen für Lebensältere geschieht, erscheint hierbei zweitrangig.

Auffällig ist, dass im Gegensatz zu Ländern wie den USA, Australien und Großbritannien nur in Einzelfällen Hospiz- und Palliativangebote vorhanden sind. Eine strukturell verankerte Palliativversorgung fehlt bisher im deutschen Strafvollzug. Wie Wulf (2017) verdeutlicht, geht es hier auch um allgemeine Prinzipien des Umgangs mit dem Sterben in Haft. Ist ein Sterben in Freiheit aus unterschiedlichen Gründen nicht möglich oder von den Betroffenen gewünscht, ist der Staat in der Pflicht, dennoch ein Sterben in Würde zu ermöglichen. Menschenwürdiges Sterben im Strafvollzug verlangt nach einem umfassenden Verständnis von palliativer Versorgung (Lob-Hüdepohl 2019). Dies beinhaltet nicht nur medizinische und pflegerische Versorgung von Inhaftierten in der unwiderruflich letzten Phase des Lebens, sondern auch psychosoziale und spirituelle Begleitung. Um das eigene Sterben gestalten zu können, bedarf es einer sorgfältigen und umfassenden Auseinandersetzung mit eventuell eintretenden Behandlungskonstellationen. Inhaftierten sollte ein aufsuchendes Gesprächsangebot zur Verfügung stehen, um sich mit den Fragen zu medizinischer und pflegerischer Behandlung sowie psychosozialer und möglicherweise spiritueller Begleitung auseinandersetzen zu können. Nicht nur die Strukturen müssen dafür bereitgestellt werden. Es braucht auch eine flächendeckende Sensibilisierung aller Akteure bzgl. des Umgangs mit Sterbeprozessen und Trauerarbeit, zumal nicht nur die älteren Gefangenen mit den eigenen Sterbeprozessen konfrontiert sind, sondern potenziell alle Gefangenen mit Tod und Sterben von Mitinhaftierten und Angehörigen (Reviere/Young 2004).

Bezüglich eines fachlichen Umgangs mit Sterbeprozessen seitens des Personals erkennen Bereswill und Neuber (2019) deutlichen Verbesserungsbedarf. Sie stellen in ihrer qualitativen Pilotstudie zur Sicht der Fachdienste und Anstaltsleitungen auf Tod und Sterben im Gefängnis fest, dass deren Umgang mit Sterbeprozessen von Inhaftierten sehr komplex und zum Teil paradox ist. In der Befragung wurde deutlich, dass es bisher keine verlässlichen Routinen mit Sterbenden und den damit zusammenhängenden Aspekten gibt. Es werden im Spannungsfeld von Selbstbestimmung und beschränkenden Strukturen Lösungen gesucht. Eine Forderung an die Praxis ist, dass es zur Entwicklung neuer Routinen im Umgang mit Sterbenden kommen muss. Diese müssen sich am Bedürfnis und der individuellen Lage der Sterbenden und Kranken orientieren, welche allerdings die starre Ordnung der Haftanstalt radikal in Frage stellen.

Auf ähnliche Probleme verweisen die Ergebnisse einer Studie aus der Schweiz (Marti et al. 2017). Demnach weisen Sterbeprozesse in Haft den Charakter eines akuten Notfalls auf, wenn institutionelle Regelungen fehlen und wenig Praxiserfahrungen im Umgang mit älteren multimorbiden Gefangenen vorhanden sind. Während aus Sicht der Institution Sterben möglichst außerhalb der Haftanstalt stattfinden sollte, ist aus Sicht der Gefangenen u. a. die Begleitung im Sterbeprozess durch eine vertraute Person besonders wichtig. Für das Personal und die Institution sind sterbende Gefangene eine große Herausforderung im Vollzugsalltag und stellen etablierte Rollen und Handlungsabläufe in Frage, sodass hier deutlicher Bedarf erkennbar ist, derartige Situationen umsichtig zu planen und durch angemessene Maßnahmen zu gestalten. Um diesen herausfordernden Situationen seitens der Haftanstalten zu begegnen, muss nicht von Null begonnen werden. Wie die obigen Ausführungen aufzeigen, bestehen viele Erfahrungen mit institutionalisierten Fördermaßnahmen (zsf. Johns et al. 2022), von denen Entwicklungsprozesse in deutschen Anstalten profitieren könnten.

Wie internationale Initiativen zeigen, fußen die allermeisten erfolgreich etablierten Angebote für Lebensältere auf Kooperationen mit externen Partnern. Dies erscheint vielversprechend, da dem Vollzugspersonal in aller Regel die Erfahrung und Zeit für einen sensiblen Umgang mit den Herausforderungen des Alterns fehlt. Trotzdem ist es perspektivisch unerlässlich, entsprechende Qualifizierungsmaßnahmen für Justizbedienstete zu implementieren, um Verhaltensweisen adäquat zu deuten und angemessene Interventionen zu initiieren. Neben den oben beschriebenen Schulungsprogrammen, erscheint auch das unlängst entwickelte Programm ‚Oscar' vielversprechend (Humblet et al. 2021). Diese Schulung zur Förderung der Sensibilisierung für die Bedürfnisse von älteren Inhaftierten vereint digitale mit analogen Elementen und wird theoriegeleitet in Belgien implementiert.

Einer der zentralsten Unterschiede zwischen angloamerikanischen Ländern und Deutschland ist sicherlich der Einsatz von „Peer Care". Eine Diskussion über die Chancen und Risiken solcher Ansätze fehlt bisher weitgehend. Dies verwundert aufgrund des recht eindeutigen internationalen Erkenntnisstands, wonach der Einbezug von Mitinhaftierten als wesentliches Erfolgskriterium für eine erfolgreiche Versorgung und Begleitung lebensälterer Gefangener erkannt wurde (z. B. Cloyes et al. 2017; Maschi et al. 2014, S. 172; Stewart 2018). So lässt sich beobachten, dass die Freiwilligen mehr Empathie für ihre Mitinhaftierten aufbringen können als das Justizpersonal (Evans et al. 2002), sich eine positive und unterstützende Kultur unter den Inhaftierten herausbilde (Cloyes et al. 2017), dieser Ansatz viele Kosten einspare (Stewart 2018), die Freiwilligen als Vertrauenspersonen geschätzt würden (Dawes 2002) und auch positive Auswirkungen auf die Freiwilligen selbst zu beobachten seien.

Auch über diese Zielgruppe hinaus gibt es Erkenntnisse über die positiven Wirkungen des Einbezugs von Betroffenen in die Straffälligenhilfe wie beispielsweise die Reduktion von Rückfälligkeit, Motivationsförderung, verbesserte Arbeitsintegration, Reduktion der Stigmatisierung, Förderung des Vertrauensaufbaus und generell eine bessere Kooperation zwischen den Betroffenen und der Justiz (Buck 2021; Duvnjak 2022). Aufgrund dieser Erkenntnisse werden derartige Ansätze zunehmend auch in Deutschland diskutiert (u. a. Jaschek et al. 2021) und implementiert (Hövel et al. 2020, S. 11). Wenngleich damit praktische und ethische Herausforderungen einhergehen (z. B. Buck 2021, S. 8; Cloyes et al. 2017), erscheint eine aktive Auseinandersetzung mit den Anwendungsmöglichkeiten von „Peer Care" für ältere Inhaftierte vielversprechend.

Abschließend lässt sich zusammenfassen, dass es in Deutschland noch viele ungenutzte Potenziale zur Verbesserung der Situation von älteren Inhaftierten gibt. Gleichzeitig bestehen lokale Angebote und Konzepte, die sehr umfassend die Bedürfnisse der Zielgruppe berücksichtigen. Jedoch ist die Angebotslandschaft in Deutschland sehr unterschiedlich in Art und Umfang. Es bleibt erklärungsbedürftig, warum Inhaftierte in der einen JVA eine ganz andere Versorgung erhalten als in einer anderen JVA, sodass Prantls Aussage zur Föderalismusreform Parallelen aufweist, wonach Gerechtigkeit eine Frage der Geografie geworden sei (Prantl 2016, S. 11).

Es wäre wünschenswert, dieser Ungerechtigkeit im Justizvollzug mit geteilten Mindeststandards zur Versorgung der älteren Inhaftierten zu begegnen. Da ein weiterer Anstieg dieser Zielgruppe zu erwarten ist, sollten proaktiv Versorgungskonzepte entwickelt werden. Eine ressourcenorientierte Perspektive auf die Möglichkeiten, das von Hessen formulierte Vollzugsziel eines gelingenden Alterns in Haft zu erreichen, wäre hier sicherlich zuträglich (Avieli 2022).

Das Dilemma bei diesen notwendigen Debatten über das „Wie" ist, dass die ebenfalls notwendige Frage nach dem „Ob" damit gar nicht erst gestellt wird. Denn angesichts der hohen Kosten, der relativ geringen Gefährlichkeit dieser Zielgruppe (Fresow 2015), den ethischen Problemen insbesondere bei Sterbeprozessen in Haft und den oft eingeschränkten bzw. ins Leere laufenden spezialpräventiven Strafzwecken (beispielhaft für Menschen mit Demenz siehe Hallich 2021), muss die Sinnhaftigkeit von Haftstrafen für diese Zielgruppe hinterfragt werden. Solange jedoch nicht wesentlich mehr Haftunterbrechungen und Gnadengesuche zu vorzeitigen Entlassungen führen oder eine Inhaftierung von älteren Menschen grundsätzlich als Ausnahmefall gesetzlich normiert ist (siehe z. B. Ferraria 2014 für Italien oder Maschi et al. 2013 für Uruguay) und der Anteil an älteren Gefangenen in deutschen Haftanstalten weiter steigt, erscheint eine Spezialisierung der Anstalten unumgänglich, um den komplexen Bedürfnissen dieser Zielgruppe gerecht zu werden und ein würdevolleres Altern zu fördern.

Literatur

Albertus, C. (2017). Remand detainees who are terminally ill: Does the law offer adequate opportunities for their release? *South African Journal of Criminal Justice, 30*(2), 145–161.

Aday, R. & Farney, L. (2014). Malign neglect: Accessing older women's health care experiences in prison. *Bioethical Inquiry, 11,* 359–372.

Andermann, S. (2016). Die Abteilung für lebensältere Gefangene der Justizvollzugsanstalt Detmold. *Psychotherapie im Alter, 13*(4), http://www.psychotherapie-im-alter.de/index.php?id=jva_detmold_aeltere_gefangene (18.01.2022).

Avieli, H. (2022). 'A sense of purpose': Older prisoners' experiences of successful ageing behind bars. *European Journal of Criminology, 19*(6), 1660–1677.

Baidawi, S., Trotter, C. & Flynn, C. (2016). Prison experiences and psychological distress among older inmates. *Journal of Gerontological Social Work, 59*(3), 252–270.

Baidawi, S. & Trotter, C. (2016). Psychological distress among older prisoners: Associations with health, health care utilization, and the prison environment. *Journal of Correctional Health Care, 22*(4), 354–366.

Bereswill, M. & Neuber, A. (2019). „Haft ist ohnehin schon eine Ohnmachtserfahrung, Sterben in Haft ist sozusagen die potenzierte Ohnmacht." Tod und Sterben im Gefängnis – eine qualitative Pilotstudie zur Perspektive der Fachdienste. *Bewährungshilfe, 66*(4), 345–355.

Berger-Zell, C. (2019). Wenn ältere Menschen im Gefängnis leben. *Bewährungshilfe, 66*(4), 367–371.

Boyle, B. A. (2002). The Maryland Division of Correction hospice program. *Journal of Palliative Medicine, 5*(5), 671–675.

Buck, G. (2021). *Mentoring and peer mentoring.* https://www.justiceinspectorates.gov.uk/hmiprobation/wp-content/uploads/sites/5/2021/04/Academic-Insights-mentoring-and-peer-mentoring.pdf (14.01.2022).

Cashin, A., Potter, E., Stevens, W., Davidson, K. & Muldoon, D. (2008). Moving and thinking behind bars: The effectiveness of an exercise and health education program on psychological distress of incarcerated people with, or at risk of developing, a chronic illness. *Australian Journal of Primary Health, 14*(1), 9–16.

Cianciolo, P. K. & Zupan, L. L. (2004). Developing a training program on issues in aging for correctional workers. *Gerontology & Geriatrics Education, 24*(3), 23–38.

Cloyes, K. G., Rosenkranz, S. J., Supiano, K. P., Berry, P. H., Routt, M., Llanque, S. M. & Shannon-Dorcy, K. (2017). Caring to learn and learning to care. *Journal of Correctional Health Care, 23*(1), 43–55.

Dawes, J. (2002). Dying with dignity: Prisoners and terminal illness. *Illness, Crisis & Loss, 10*(3), 188–203.

Di Lorito, C., Völlm, B. & Dening, T. (2018). The individual experience of ageing prisoners: systemat-ic review and meta-synthesis through a Good Lives Model framework. *International Journal of Geriatric Psychiatry, 33*(2), 252–262.

Duvnjak, A., Stewart, V., Young, P. & Turvey, L. (2022). How does lived experience of incarceration impact upon the helping process in social work practice? A scoping review. *British Journal of Social Work, 52*(1), 354–373.

Evans, C., Herzog, R. & Tillman, T. (2002). The Louisiana State Penitentiary: Angola prison hospice. *Journal of Palliative Medicine, 5*(4), 553–558.

Feczko, A. (2014). Dementia in the incarcerated elderly adult: innovative solutions to promote quality care. *Journal of the American Association of Nurse Practitioners, 26*(12), 640–648.

Ferraria, R. (2014). Die Strafzumessung gegenüber älteren Straftätern im internationalen Vergleich: Deutschland, England & Wales und Italien. In F. Kunz (Hrsg.), *Kriminalität älterer Menschen: Beschreibung und Erklärung auf der Basis von Selbstberichtsdaten* (S. 77–88). Berlin: Duncker & Humblot.

Forsyth, K., Webb, R. T., Power, L. A., Emsley, R., Senior, J., Burns, A., Challis, D., Hayes, A., Meacock, R., Walsh, E., Ware, S. & Shaw, J. (2021). The older prisoner health and social care assessment and plan (OHSCAP) versus treatment as usual: A randomised controlled trial. *BMC Public Health, 21*(1), 2061. https://doi.org/10.1186/s12889-021-11965-5 (18.01.2022).

Fresow, P. (2015). Alterskriminalität im Spiegel des Bundeszentralregisters. In F. Kunz & H.-J. Gertz (Hrsg.), *Straffälligkeit älterer Menschen*. Berlin/Heidelberg: Springer, 103–130.

Ghanem, C. & Kenkmann, A. (2019). Psychosoziale Unterstützungsangebote für lebensältere Menschen in Haft – Eine Literaturanalyse. *Bewährungshilfe, 66*(4), 320–344.

Görgen, T. (2005). Alte Menschen in Haft: der Strafvollzug vor den Herausforderungen durch eine wenig beachtete Personengruppe. *Bewährungshilfe, 52*(2), 116–130.

GRACE Project (2000). Standards of practice for end-of-life care in correctional settings. *Journal of Palliative Medicine, 3*(4), 383–389.

Greene, M., Ahalt, C., Stijacic-Cenzer, I., Metzger, L. & Williams, B. (2018). Older adults in jail: high rates and early onset of geriatric conditions. *Health & Justice, 6*(3), https://doi.org/10.1186/s40352-018-0062-9 (18.01.2022).

Hallich, O. (2021). Is it morally legitimate to punish the late stage demented for their past crimes? *The Journal of Ethics, 25*(3), 361–383.

Hongo, A., Katz, A. & Valenti, K. (2015). Art: Trauma to therapy for aging female prisoners. *Traumatology, 21*(3), 201–207.

Hövel, M. t., Stöber, F., Bennefeld-Kersten, K. & Radeloff, D. (2020). *Suizidprävention im Justizvollzug: Eine evidenz-basierte Darstellung der Risikofaktoren und Risikopopulation*. www.bundesgesundheitsministerium.de/fileadmin/Dateien/5_Publikationen/Praevention/Broschueren/Suizidpraevention_im_Justizvollzug.pdf (14.01.2022).

Humblet, D., Naessens, L., Lahaye, H., Peersman, W. & Gillis, K. (2021). Development of a strategy to raise awareness of the physical, social, and mental needs of older adults in prison. *Advancing Corrections Journal, 12*, 135–150.

Jaschek, S., Knop, J., Langner, M. & Lanio, J. S. (2021). Ehemalige Gefangene als Mentor:innen für jugendliche Straftäter:innen: Ein Paradigmenwechsel in der Straffälligenhilfe. *vorgänge, 234*(2), 61–70.

Johns, L., Weightman, S., Blackburn, P. & McAuliffe, D. (2022). A systematic literature review exploring the psychosocial aspects of palliative care provision for incarcerated persons: a human rights perspective. *International Journal of Prisoner Health, 18*(4), 443–457.

Kenkmann, A., Erhard, S., Maisch, J. & Ghanem, C. (2020). Altern in Haft – Angebote für ältere Inhaftierte in der Bundesrepublik Deutschland, 2(1), https://doi.org/10.18716/OJS/KRIMOJ/2020.1.7 (18.01.2022).

Kerbs, J. J. & Jolley, J. M. (2007). Inmate-on-inmate victimization among older male prisoners. *Crime & Delinquency, 53*(2), 187–218.

Kingston, P., Le Mesurier, N., Yorston, G. & Wardle, S. (2011). Psychiatric morbidity in older prisoners: unrecognized and undertreated. *International Psychogeriatrics, 23*(8), 1354–1360.

Lee, C., Treacy, S., Haggith, A., Wickramasinghe, N. D., Cater, F., Kuhn, I. & van Bortel, T. (2019). A systematic integrative review of programmes addressing the social care needs of older prisoners. *Health & Justice, 7*(1), 9:2. https://doi.org/10.1186/s40352-019-0090-0 (18.01.2022).

Leigey, M. E. & Aday, R. H. (2022). The gray pains of imprisonment: Examining the perceptions of confinement among a sample of xexagenarians and septuagenarians. *International Journal of Offender Therapy and Comparative Criminology, 66*(8), 807–823.

Lemieux, C. M., Dyeson, T. B. & Castiglione, B. (2016). Revisiting the literature on prisoners who are older: Are we wiser? *The Prison Journal, 82*(4), 440–458.

Linder, J. F., Enders, S. R., Craig, E., Richardson, J. & Meyers, F. J. (2002). Hospice care for the incarcerated in the United States: An introduction. *Journal of Palliative Medicine, 5*(4), 549–552.

Linder, J. F. & Meyers, F. J. (2009). Palliative and end-of-life care in correctional settings. *Journal of Social Work in End-of-Life & Palliative Care, 5*(1/2), 7–33.

Lob-Hüdepohl, A. (2019). Altern und Sterben im Gefängnis – Ethische Probleme in hochkomplexen Wirklichkeiten. *Bewährungshilfe, 66*(4), 293–307.

Mara, C. M. (2002). Expansion of long-term care in the prison system: An aging inmate population poses policy and programmatic questions. *Journal of Aging & Social Policy, 14*(2), 43–61.

Marti, I., Hostettler, U. & Richter, M. (2017). Lebenslänglich. *BAG-S Informationsdienst Straffälligenhilfe,* 25(1), 24–27.

Maschi, T., Marmo, S. & Han, J. (2014). Palliative and end-of-life care in prisons: a content analysis of the literature. *International Journal of Prisoner Health, 10*(3), 172–197.

Maschi, T., Viola, D. & Sun, F. (2013). The high cost of the international aging prisoner crisis: Well-Being as the common denominator for action. *The Gerontologist, 53*(4), 543–554.

Maschi, T., Kwak, J., Ko, E. & Morrissey, M. B. (2012). Forget me not: Dementia in prison. *The Gerontologist, 52*(4), 441–451.

Masters, J. L., Magnuson, T. M., Bayer, B. L., Potter, J. F. & Falkowski, P. P. (2016). Preparing corrections staff for the future: Results of a 2-day training about aging inmates. *Journal of Correctional Health Care, 22*(2), 118–128.

McParland, C. & Johnston, B. (2021). Caring, sharing, preparing and declaring: How do hospices support prisons to provide palliative and end of life care? A qualitative descriptive study using telephone interviews. *Palliative Medicine, 35*(3), 563–573.

Merkt, H., Haesen, S., Meyer, L., Kressig, R. W., Elger, B. S. & Wangmo, T. (2020). Defining an age cut-off for older offenders: a systematic review of literature. *International Journal of Prisoner Health, 16*(2), 95–116.

Meeks, S., Sublett, R., Kostiwa, I., Rodgers, J. R. & Haddix, D. (2008). Treating depression in the prison nursing home. *Clinical Case Studies, 7*(6), 555–574.

Meyer, L. (2022). *Strafvollzug und demografischer Wandel: Herausforderungen für die Gesundheitssicherung älterer Menschen in Haftanstalten*. Weinheim/Basel: Beltz Juventa.

Meuschke, N. (2018). Der Lebensabend im Gefängnis. In B. Maelicke &S. Suhling (Hrsg.), Edition Forschung und Entwicklung in der Strafrechtspflege. *Das Gefängnis auf dem Prüfstand: Zustand und Zukunft des Strafvollzugs* (S. 403–422). Wiesbaden: Springer.

National Hospice and Palliative Care Organization (2009). *Quality guidelines for hospice and end-of-life care in correctional settings*. http://correction.org/wp-content/uploads/2014/10/CorrectionsQualityGuidelines-End-of-Life.pdf (18.01.2022).

Ojo, M. O. D. & Okunola, R. A. (2014). The plights of the aged inmates in Nigerian prison system: A survey of two prisons in Ogun State, Nigeria. *Bangladesh e-Journal of Sociology 11*(1), 54–73.

Opitz-Welke, A., Lehmann, M., Seidel, P. & Konrad, N. (2018). Medizin im Justizvollzug. *Deutsches Ärzteblatt, 115*(48), 808–814.

Potter, E., Cashin, A., Chenoweth, L. & Jeon, Y. (2007). The healthcare of older inmates in the correctional setting. *International Journal of Prisoner Health, 3*(3), 204–213.

Prantl, H. (2016). Haft ist nicht gleich Haft. *Informationsdienst Straffälligenhilfe, 24*(3), 11–13.

Reviere, R. & Young, V. D. (2004). Aging behind bars: Health care for older female inmates. *Journal of Women & Aging, 16*(1–2), 55–69.

Rikard, R. V. & Rosenberg, E. (2007). Aging inmates: A convergence of trends in the American criminal justice system. *Journal of Correctional Health Care, 13*(3), 150–162.

Ruggiano, N., Lukic, A., Blowers, A. & Doerner, J. (2016). Health self-management among older prisoners: Current understandings and directions for policy, practice, and research. *Journal of Gerontological Social Work, 59*(7-8), 627–641.

Sanders, S., Stensland, M. & Juraco, K. (2018). Agency behind bars: Advance care planning with aging and dying offenders. *Death Studies, 42*(1), 45–51.

Statistisches Bundesamt (2021). *Bestand der Gefangenen und Verwahrten in den deutschen Justizvollzugsanstalten – Januar bis Juni 2021*. https://www.destatis.de/DE/Themen/Staat/Justiz-Rechtspflege/Publikationen/Downloads-Strafverfolgung-Strafvollzug/bestand-gefangene-verwahrte-xlsx-5243201.html (13.01.2022).

Stevens, B. A., Shaw, R., Bewert, P., Salt, M., Alexander, R. & Loo Gee, B. (2018). Systematic review of aged care interventions for older prisoners. *Australasian Journal on Ageing, 37*(1), 34–42.

Stewart, W. (2018). What does the implementation of peer care training in a U. K. prison reveal about prisoner engagement in peer caregiving? *Journal of Forensic Nursing, 14*(1), 18–26.

Taylor, P. B. (2002). End-of-life care behind bars. *Illness, Crisis & Loss, 10*(3), 233–241.

Thivierge-Rikard, R. V. & Thompson, M. S. (2007). The association between aging inmate housing management models and non-geriatric health services in state correctional institutions. *Journal of Aging & Social Policy, 19*(4), 39–56.

Tipper, J. (2011). Greying behind bars. *Transition, 41*(2), 9–10.

Turner, M., Peacock, M., Payne, S., Fletcherd, A. & Froggatt, K. (2018). Ageing and dying in the contemporary neoliberal prison system: Exploring the 'double burden' for older prisoners. *Social Science & Medicine*, 212, 161–167.

Verhülsdonk, S., Dietrich, K., Folkerts, A. K., Christl, J., Höft, B., Supprian, T. & Kalbe, E. (2021a). Self-rating of depression in elderly prisoners in North Rhine-Westphalia, Germany. *Archives of Depression and Anxiety, 7*(2), 40–49.

Verhülsdonk, S., Folkerts, A.-K., Höft, B., Supprian, T., Kessler, J. & Kalbe, E. (2021b). Cognitive dysfunction in older prisoners in Germany: a cross-sectional pilot study. *International Journal of Prisoner Health, 17*(2), 111–127.

Wahidin, A. (2002). Reconfiguring older bodies in the prison time machine. *Journal of Aging and Identity, 7*(39), 177–93.

Wangmo, T., Handtke, V., Bretschneider, W. & Elger, B. S. (2015). Prisons should mirror society: the debate on age-segregated housing for older prisoners. *Ageing and Society, 37*(4), 675–694.

Williams, M. E. & Rikard, R. V. (2004). Marginality or neglect: An exploratory study of policies and programs for aging female inmates. *Women & Criminal Justice, 15*(3/4), 121–141.

Williams, B. A., Stern, M. F., Mellow, J., Safer, M. & Greifinger, R. B. (2012) Adressing the aging crisis in U. S: Criminal justice health care. *Journal of the American Geriatric Society* 60(6), 1150–1156.

Wilkinson, D. & Caulfield, L. (2020). A systematic review of the characteristics and needs of older prisoners. *Journal of Criminal Psychology, 10*(4), 253–276.

Wölfl, T. (2017). Lebenslänglich. *BAG-S Informationsdienst Straffälligenhilfe*, 25(1), 10–11.

Wulf, R. & Grube, A. (2012). Sterben im Gefängnis. In M. Anderheiden, M. & Eckart, U. (Hrsg.): *Handbuch Sterben und Menschenwürde* (S. 1571–1594). Berlin u. a.: de Gruyter.

Wulf, R. (2017) Im Umgang mit sterbenden Gefangenen erkennt man den Zustand eines Staates. *BAG-S Informationsdienst Straffälligenhilfe*, 25(1), 14–17.

Justizvollzug bei Lebensälteren – Datengrundlage und ein interner Blick zum Thema

Marc Lehmann

Einleitung

Zunehmend wird die Situation lebensälterer Inhaftierter unter dem Aspekt thematisiert, dass diese Personengruppe in Haft größer wird und deren spezifische Bedürfnisse nicht ausreichend gedeckt seien. Hierbei ist der rechtliche Rahmen in den Strafvollzugsgesetzen in Bezug auf die Gesundheitssorge klar im Sinne des Äquivalenzprinzips festgeschrieben.

In Bezug auf die pflegerische Versorgung haben die Strafvollzuggesetze der Länder grundsätzlich keine entsprechenden präzisen Vorgaben aus der Sozialgesetzgebung übernommen, sodass hier eher der Angleichungsgrundsatz anzunehmen ist. Die Nachteilsausgleiche für Behinderte sind allgemein anerkannt, der konkrete Ausgleich unter Vollzugsbedingungen jedoch teilweise erschwert.

Zur Situation Lebensälterer in Haft ist zunächst festzustellen, dass das kalendarische Alter eines Menschen keine Aussage über sein physisches und psychisches Leistungsvermögen und im Umkehrschluss auf seine Bedarfe zulässt. Abzugrenzen sind insofern die Begriffe Krankheit, Behinderung und Pflegebedürftigkeit. Hier kommt vielmehr das biologische Alter oder spezieller die individuelle Situation zum Tragen.

Dabei sind Menschen in Haft durchschnittlich deutlich vorgealtert im Vergleich zu Personen mit gleichem kalendarischen Alter in Freiheit. Hierfür wird unter anderem die soziale Herkunft als auch der überproportionale Anteil von Substanzkonsumstörungen und deren Folgen genannt. Vor diesem Hintergrund wird für die Definition von Lebensälteren in Haft vielfach als Grenzwert das Lebensalter von 55(50) Jahren gesetzt.

Damit entsteht konsekutiv eine Altersgruppe, die als alt in Haft benannt wird, die aber das Rentenalter und damit auch die Aufhebung der Arbeitspflicht noch nicht erreicht hat.

Zahlen zum Anteil Lebensälterer in Haft

Aus Abbildung 1[1] lässt sich gut erkennen, dass sich die absolute Zahl der Menschen im Alter über 50 Jahre (Höhe der dunkelgrünen Darstellung seit 2005) nicht signifikant verändert hat, der Anteil aufgrund der rückläufigen Inhaftiertenzahlen jedoch zugenommen hat.

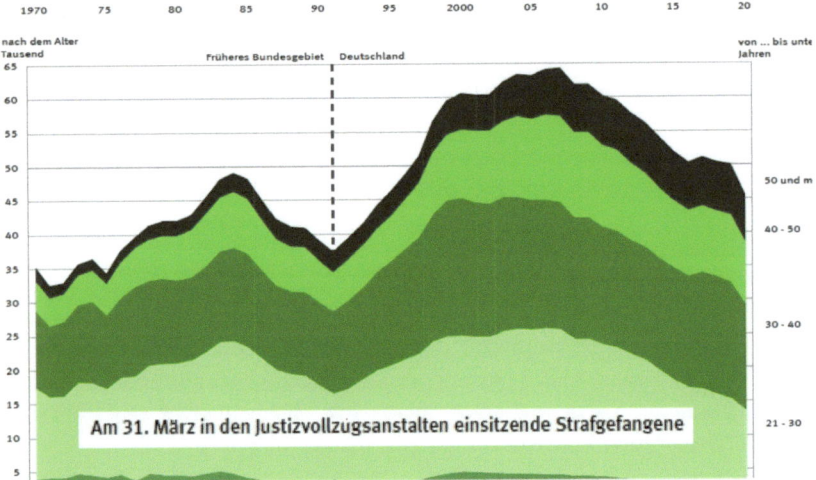

Abbildung 1: Stichtagszahlen zu Lebensälteren in Haft

Nach Abbildung 2 sind absolut gesehen 14,47 % der Inhaftierten älter als 50 Jahre, wobei die bundesweite Vollzugsstatistik nur in Zehnjahresschritten unterteilt.

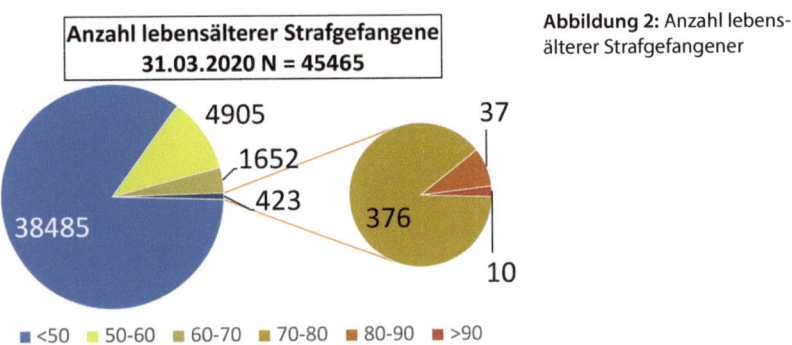

Abbildung 2: Anzahl lebensälterer Strafgefangener

---

1 https://www.destatis.de/DE/Service/Bibliothek/_publikationen-fachserienliste-10.html?nn=206136#634146 (23.1.2023).

Befunde zu Lebensälteren in Haft

Die Gruppe der „Alten in Haft" ist dabei charakterisiert durch die physiologischen Veränderungen im Alter, wie typischerweise nachlassende sensorische Fähigkeiten, reduzierte Muskelkraft und Koordination u. v. m. Gleichzeitig handelt es sich um Menschen mit vermehrtem Unterstützungsbedarf bei, im Vergleich zur Normalbevölkerung, erhöhter Morbidität.

Erschwerend sind nicht selten nach längerer Haft Hospitalismuserscheinungen zu beobachten sowie verfestigte Persönlichkeitsstrukturen mit reduzierter Veränderungsbereitschaft ausgebildet. Es bestehen Einschränkungen bei der Durchführung der sogenannten Aktivitäten des täglichen Lebens bis hin zu höhergradigem Pflegebedarf. Formal sind derartige Einschränkungen nicht selten auch im Sinne von Behinderungen zu bewerten.

Ausstattung und Planung im Vollzug

Unter Berücksichtigung der Kernaufgabe des Justizvollzugs, der resozialisierenden Behandlung, ist der Gruppe der Lebensälteren durch den Justizvollzug angemessen zu begegnen. Die individuellen (Versorgungs-)Bedarfe sind zu ermitteln und zu decken. Dabei sind soziokulturelle Aspekte und Sprachbarrieren besonders zu berücksichtigen. Ausgrenzung und Benachteiligung sind auszuschließen. Die Sicherheitsbelange des Justizvollzuges sind zu beachten.

Bei diesen Vollstreckungen muss eine klienten- und aufgabengerechte Ausstattung sowohl personell als auch materiell, bestehen, um die Vollzugsziele zu erreichen. Dieses bedeutet insbesondere auch, das Personal angemessen auf den Umgang mit dieser Gefangenengruppe vorzubereiten. Die veränderten Bedürfnisse lebensälterer Gefangener müssen ebenso wie die Wege, diese zu decken, dem Personal umfassend bekannt sein. Die zugehörigen Prozesse sind zu definieren, zu etablieren, zu evaluieren und anzupassen.

Dies gilt insbesondere für die Ermittlung der individuellen Bedarfe und deren Abbildung in der Vollzugs- und Behandlungsplanung. Die spezifischen erforderlichen Maßnahmen, beispielsweise die Erbringung von Pflegeleistungen, sind zu etablieren. Das Übergangsmanagement in Freiheit ist in Bezug auf die Zielgruppe auszugestalten und Kooperationen mit Partnern für die Versorgung nach der Haft sind zu etablieren.

Der Vollzug am Lebensende ist zu planen, zu gestalten und auch ggf. die erforderliche palliativmedizinische Versorgung zu implementieren (siehe hierzu exemplarisch die Antwort auf schriftliche Anfrage des Abgeordneten Dr. Elfer vom 18.08.2021 an den Präsidenten des Abgeordnetenhaus, Nr. 18/28390 zu Frage Nr. 21). Letztendlich ist der Prozess der Beendigung der Vollstreckung fallbezogen auszugestalten. Nur so ist ein regelkonformer Justizvollzug bei Lebensälteren zu gewährleisten.

Abbildung 3: Themenfelder für die Organisation Justizvollzug

Individuelle Bedarfsdeckung

In Bezug auf die individuelle Bedarfsdeckung kommt es darauf an, festzulegen, bis zu welchem Bedarfsniveau die Bedarfsdeckung noch in der einzelnen Haftanstalt im Sinne inklusiver Versorgungsformen erbracht werden kann und ab welchem Bedarf auf spezialisierte Einrichtungen, wie vollzugliche Fachabteilungen, beispielsweise Alterswohnbereiche, Pflegestationen oder ähnliches, übergeben werden muss. Hierbei sind vielfältige Aspekte zu berücksichtigen: Räumliche Distanz zu verbleibenden Angehörigen, Rückgriff auf externe Dienstleister wie Pflegedienste, Struktur, Größe und Aufgabenstellung der einzelnen Haftanstalt und vieles mehr.

Auch ist zu definieren, durch wen die jeweilige Leistung zu erbringen ist. Gegenwärtig ist der allgemeine Vollzugsdienst nicht darauf ausgerichtet, Leistungen im Bereich der Aktivitäten des täglichen Lebens (Füttern, Inkontinenzversorgung, Be- und Entkleiden usw.) umfassend zu unterstützen und die medizinischen

Dienste sind nicht entsprechend aufgestellt. Gegebenenfalls können in Zukunft derartige Leistungen durch ambulante Pflegedienste im Sinne der Äquivalenz in den Anstalten erbracht werden und deshalb entsprechende Versorgungsverträge mit Dienstleistern geschlossen werden.

Grenzen der Vollstreckung

Die Befassung mit der Zielgruppe muss auch dazu führen, zu klären, bis zu welchem Niveau eine Vollstreckung mit den Mitteln des Justizvollzuges (Kriterien nach STPO § 455) noch leistbar ist und es muss den Vollstreckungsbehörden (den Staatsanwaltschaften) dann eine klare Rückmeldung gegeben werden, wenn die Versorgungsmöglichkeiten nicht mehr ausreichen oder ein Ableben droht.

Hier entsteht nicht selten ein Graufeld bzgl. der Aufgabenwahrnehmung, das unter anderen durch Aspekte wie erforderliche gerichtlich bestellte Betreuung, Vorsorgevollmacht, Patientenverfügung, anwaltliche Vertretung, persistierende Gefährlichkeit, drohendes Ableben und Gnadentauglichkeit gekennzeichnet ist. Aus meiner Sicht ist es jedoch nicht primäre Aufgabe des Justizvollzuges, dafür verantwortlich zu sein, dass eine Vollstreckung unterbrochen oder beendet wird, sondern lediglich die Entscheider mit den notwendigen Informationen zu versorgen, wobei die Belange der Schweigepflicht zu beachten sind. Gleichwohl darf die Frage der Ethik der Vollstreckung am Lebensende oder bei erheblichen Beeinträchtigungen im Sinne von schwerwiegenden Behinderungen dabei nicht unbeachtet bleiben.

Lösungsansätze

Als möglicher Lösungsansatz kommt die Einrichtung spezialisierter Unterbringungsbereiche, ggf. auch länderübergreifend, in Betracht, wenn die Versorgung in den „allgemeinen" Vollzugsanstalten nicht ausreichend gewährleistet werden kann. Derartige Bereiche sind in Einzelfällen auch bereits etabliert.

Vollzugskrankenhäuser sind dabei sicher nicht das grundsätzliche Mittel der Wahl, um eine angemessene Betreuung dieser Zielgruppe sicherzustellen, wobei dort regelmäßig um Übernahme ersucht wird. Gegebenenfalls wäre dort ein Teil der palliativen Versorgung im Einzelfall anzusiedeln, wobei zu berücksichtigen ist, dass Sterben innerhalb eines Gefängnisses nicht die Regel darstellen darf. Im Rahmen der generellen Diskussion wäre auch zu thematisieren, ob eine Betreuung durch Mitgefangene ein Bestandteil der Versorgung sein darf und kann.

Sterben im Gefängnis – institutionelle Spannungsfelder und professionelle Handlungsoptionen aus Sicht von Fachdiensten[1]

Anke Neuber

Gutes Sterben als Orientierungsrahmen

Die Themen Sterben und Tod gewinnen angesichts des demografischen Wandels und steigender Lebenserwartung zunehmend an gesellschaftlicher Bedeutung (Jakoby/Thönnes 2017, S. 1). Der individuelle und kollektive Umgang mit Sterben und Tod ist dabei von Vorstellungen vom guten Sterben geleitet, die zeit- und kontextabhängig sind. Gegenwärtig ist das normative Ideal des guten Sterbens stark verknüpft mit den Ideen der in den 1960er-Jahren aufkommenden Hospizbewegung, deren Ziel es ist, Sterbenden ein gutes Lebensende zu bereiten (vgl. Steffen-Bürgi 2009, S. 371).

Zu den Grundannahmen des guten Sterbens[2] zählt, dass Sterben ein Prozess sei, der aktiv gestaltet werden kann und deswegen auch Handeln erfordere (vgl. Streeck 2017, S. 30 f.). Gleichzeitig gilt die Gestaltung des eigenen Sterbeprozesses als schwierige Aufgabe (vgl. Steffen-Bürgi 2009, S. 374). Ein zentraler Aspekt ist, den eigenen Wünschen entsprechend zu sterben, was eng mit Selbstbestimmung und Individualität verknüpft ist. Es geht um das mit der Wahrung der Würde verbundene Erhalten des Selbstwertgefühls und eine mit Autonomie und Selbstbestimmung verbundene Kontrolle über das Geschehen, wie beispielsweise den Sterbeort und die Menschen, die am Sterbeprozess beteiligt sein sollen, selbst zu bestimmen (vgl. Steffen-Bürgi 2009, S. 374).

Die kurzen Ausführungen machen deutlich, dass die Ideale voraussetzungsvoll sind (vgl. Streeck 2017, S. 41). Das, was auf den ersten Blick erstrebenswert klingt, erweist sich als anspruchsvoll und nur für eine kleine gesellschaftliche Gruppe erreichbar. Auch wenn Sterbeideale weder festgeschrieben noch starr sind, dienen

---

[1] Bei diesem Text handelt es sich um eine zusammenfassende Darstellung der Ergebnisse aus Bereswill/Neuber 2019a, 2019b, 2019c.

[2] Für einen ausführlichen Überblick über die zentralen Annahmen des gegenwärtigen Sterbeideals siehe beispielsweise Steffen-Bürgi 2009 und Streeck 2017.

sie als normative Orientierung im Sinne eines Rollen- und Verhaltensskripts (Steffen-Bürgi 2009, S. 372; vgl. auch Dreßke 2008a+b; Göckenjan 2008).

Dieses normative Ideal hat auch Einzug in den Strafvollzug erhalten (Wulf/Grube 2012; Bereswill/Neuber 2019b; Hostettler et al. 2019). Gefängnisse sind vor dem Hintergrund demografischer Entwicklungen, Veränderungen in der Kriminalpolitik und Sanktionierungspraxis sowie einer Gruppe von Gefangenen, die immer wieder re-inhaftiert wird, zu Orten geworden an denen gestorben und zukünftig zunehmend mehr gestorben wird (Görgen 2007; Hostettler et al. 2016, 2017, 2019; Tag/Groß 2012).

Das Gefängnis ist jedoch ein Ort, der Selbstbestimmung, Autonomie und Individualität der Inhaftierten und damit verbunden beispielsweise die Wahl des Sterbeortes grundlegend einschränkt. Zugespitzt lässt sich formulieren, dass das Ideal Einzug in den Strafvollzug erhalten hat, dort aber an spezifische Grenzen und auf spezifische Hürden des Systems stößt. Vor diesem Hintergrund wird diskutiert, ob menschenwürdiges Sterben im Vollzug überhaupt möglich sei (Wulf/Grube 2012; Liebling 2017).

Die Herausforderungen im Umgang mit Sterbeprozessen im Gefängnis und die damit verbundenen institutionellen Spannungsverhältnisse wurden im Rahmen einer qualitativen Pilotstudie zu Sterbeprozessen im Gefängnis aus Sicht der Fachdienste[3] herausgearbeitet. Erhoben wurden 15 qualitative explorative Experteninterviews (Bogner, Littig & Menz 2014) in drei Haftanstalten für männliche Inhaftierte in drei Bundesländern. Als Expert:innen wurden Fachdienste (ärztlicher Dienst, psychologischer Dienst, seelsorgerischer Dienst, sozialer Dienst) und Anstaltsleitungen mittels eines themenzentrierten Leitfadens mit erzählgenerierenden Impulsfragen interviewt. Die Auswertung der Experteninterviews erfolgte strukturiert und ergebnisorientiert. Dazu eignete sich in einem ersten Schritt die Auswertung des Materials nach der qualitativen Inhaltsanalyse (Mayring 1990)[4]

Im Folgenden werden zunächst die Spannungsfelder in der Institution (2.) und im Anschluss daran die Handlungsoptionen der Fachdienste im Vollzug (3.) vor-

---
3 Das Projekt wurde vom 01.07.–31.12.2017 unter der Leitung von Prof. Dr. Mechthild Bereswill und Dr. Anke Neuber an der Universität Kassel durchgeführt. Es wurde mit Mitteln des Hessischen Ministeriums für Wissenschaft und Kunst im Rahmen des Förderschwerpunktes „Dimensionen der Kategorie Geschlecht – Frauen- und Geschlechterforschung in Hessen" gefördert.
4 Für einen ausführlicheren Überblick über das Sample, die Erhebung und Auswertung vgl. Bereswill/Neuber 2019a, 2019c.

gestellt. Denn trotz der institutionellen Spannungsverhältnisse suchen und finden Fachkräfte im Strafvollzug Wege, um Sterbeprozesse zu begleiten. Abschließend erfolgt ein Ausblick (4.)

Spannungsfelder in der Institution

Sterbeprozesse Inhaftierter stellen den Strafvollzug vor neue Herausforderungen und es werden Spannungsfelder in der Institution im Umgang mit Sterbeprozessen sichtbar, die sich zwischen den Charakteristika der totalen Institution Gefängnis auf der einen und den Handlungsidealen der Professionellen auf der anderen Seite ergeben (Bereswill/Neuber 2019a).

Herausgearbeitet wurden vier Ausprägungen solcher Spannungsverhältnisse: 1. ‚zwischen Routine und Krise', 2. zwischen ‚Selbst- und Fremdbestimmung', 3. zwischen ‚Sicherheitsauftrag und Gestaltungsspielraum' sowie 4. die Spannung zwischen der ‚Position des Inhaftierten und der des Sterbenden'.

Routine und Krise

Die Ergebnisse unserer Studie zeigen über alle Interviews mit den Fachdiensten im Vollzug hinweg, dass Sterben im Gefängnis die bürokratische Ordnung der „totalen Institution" (Goffman 1961/1972) stört. Es wird eine Ordnungskrise thematisiert, die die Routinen im Gefängnis gefährdet. Sterbeprozesse haben gegenwärtig im Vollzug keinen Platz. Wenn Inhaftierte pflegebedürftig werden, können sie nicht hinreichend versorgt werden, in Haft verstorbene Menschen werden immer obduziert, die Organisation von Bestattungen inklusive der Regelung der Kostenübernahme sind komplexe Verwaltungsabläufe und die Beteiligung von trauernden Mitinhaftierten oder Bediensteten am Abschiedsprozess bedarf der Ermöglichung von Räumen und Ritualen. Gegenwärtig gibt es hierfür bislang keine verlässlichen Routinen und Sterben sollte eher außerhalb des Gefängnisses stattfinden. Dies gilt auch für die professionelle Begleitung von Sterbeprozessen, die im Vollzugsalltag eine große Ausnahme darstellen und als Praxis außerhalb des Vollzugs verortet wird.

Die Ergebnisse verweisen auf verschiedene Aspekte des Umgangs mit Tod und Sterben im Gefängnis und werfen grundlegende Fragen auf: Lassen sich die bürokratischen Strukturen des Strafvollzugs so umstellen, dass Sterbeprozesse in die Ordnung des Gefängnisses integriert werden können? Geraten das Ideal des selbstbestimmten Sterbens und der autonomieeinschränkende Freiheitsentzug nicht grundlegend in Widerstreit? Das Gefängnis schränkt nicht nur die Autonomie- und Handlungsspielräume von Inhaftierten, die sterben, ein, sondern die aller Akteursgruppen. Sterbeprozesse im Strafvollzug sind eng mit dem Verhältnis von Fremd- und Selbstbestimmung verbunden.

Fremd- und Selbstbestimmung

Vor dem Hintergrund der eben beschriebenen Einschränkungen der Autonomie- und Handlungsspielräume, dominiert im Vollzug die Überzeugung, dass selbstbestimmtes Sterben und Inhaftierung sich gegenseitig ausschließen. Allerdings wird diese Überzeugung in Frage gestellt, wenn die Fachdienste Sterbeprozesse thematisieren und darin die Wünsche und Bedürfnisse der Inhaftierten deutlich werden – beispielsweise der Wunsch, in der Haftanstalt zu sterben. Kann dieser Wunsch eines Inhaftierten als Ausdruck von Selbstbestimmung bewertet werden oder betont er eher die allumfassende Fremdbestimmung im Vollzug?

Die Fragen verdeutlichen, was in den Interviews sichtbar wird: Eine Gratwanderung im Umgang mit Sterbeprozessen im Vollzug: So sind aus Sicht der Fachdienste individuelle Wünsche der Inhaftierten zu respektieren und nach Möglichkeit zu erfüllen, aber daraus sollten keine institutionalisierten Konzepte abgleitet werden. Es wird auf Einzelfalllösungen gesetzt, indem sich beispielsweise für eine angemessene Pflege und Begleitung eingesetzt wird, zugleich wird aber eine Institutionalisierung und Routinisierung von Sterbeprozessen vermieden, weil an der Überzeugung festgehalten wird, dass Sterben im Vollzug „ethisch immer noch eine Grenze" überschreitet, wie es in einem Interview heißt.

In mehreren Interviews wird darauf hingewiesen, dass das Gefängnis grundsätzlich kein Ort zum Sterben ist, weil Menschen ihr Leben nicht in Unfreiheit beenden sollten. Zugleich wird aber ein damit verbundenes Dilemma deutlich: Inhaftierten, die zum Sterben entlassen werden, kann es in Freiheit schlechter gehen als im Gefängnis. Auf diese Weise wird auch das Ideal in Frage gestellt, dass Sterben immer und überall außerhalb des Vollzugs menschenwürdiger ist als drinnen.

So wird deutlich, dass das Gefängnis nicht als „menschenwürdige Umgebung" eingeschätzt wird, aber ein Sterben außerhalb des Vollzugs Menschenwürde nicht immer garantiert. Das eingangs skizzierte abstrakte Ideal eines guten Sterbeprozesses gilt es für den jeweiligen Kontext und Einzelfall anzupassen: Selbstbestimmung und Menschenwürde beinhalten zuallererst die Möglichkeit, dass Inhaftierte nach ihren Bedürfnissen gefragt werden. Selbstbestimmung im Gefängnis wird jedoch durch den Sicherheitsauftrag des Strafvollzugs durchkreuzt, beispielsweise wenn Inhaftierte sich wünschen, außerhalb des Vollzugs zu sterben, aber aufgrund der Deliktschwere oder eines vermuteten Rückfallrisikos nicht entlassen werden.

Sicherheitsauftrag und Gestaltungsspielraum

Dass der Sicherheitsauftrag des Vollzugs der Gestaltung von Sterbe- und Abschiedsprozessen entgegenwirkt, wird in den Interviews in unterschiedlichen Konstellationen beschrieben. Wünsche des Sterbenden können nicht erfüllt werden, weil sie den Alltagsregeln im Gefängnis zuwiderlaufen. Können Begegnungen ermöglicht werden, wenn die Inhaftierten den Besuchsraum nicht mehr erreichen können? Konkret wirft das die Frage auf, ob beispielsweise Angehörige die Hafträume betreten dürfen oder nicht. Die Wünsche und Bedürfnisse von Sterbenden im Vollzug werden vor dem Hintergrund der Vermeidung von Sicherheitsrisiken abgewogen.

Die Thematisierung von Sicherheitsrisiken erfolgt dabei in zwei Richtungen: Zum einen wird benannt, dass von Inhaftierten, die sich in einem Sterbeprozess befinden, immer noch Gefahr ausgehen kann. Im Gegenzug wird jedoch darauf verwiesen, dass kranke und sterbende Inhaftierte mit Übersicherungsmaßnahmen konfrontiert werden. In den Interviews wird wiederholt in Frage gestellt, ob die alltäglichen Restriktionen auch für sterbende Inhaftierte gelten müssen und es wird betont, dass ein Verzicht darauf die Sicherheit der Anstalt nicht gefährden würde. Die Charakteristika des Freiheitsentzugs – die Einschränkung von Handlungsmöglichkeiten und eigenen Gewohnheiten – die den Alltag aller Inhaftierten charakterisieren, werden als unangemessen für das Lebensende von Inhaftierten eingeschätzt.

Inhaftierter und Sterbender

Bisher deutlich geworden ist, dass das Ideal des guten Sterbens Einzug in den Diskurs über Tod und Sterben im Gefängnis erhalten hat. Wie einleitend beschrieben, dienen Sterbeideale als normative Orientierung im Sinne eines Rollen- und Verhaltensskripts. Die Adressierung als Sterbender – dies gilt auch für Menschen, die außerhalb des Vollzugs sterben – setzt einen grundsätzlichen Bruch mit seinen sonstigen Rollen in der Gesellschaft voraus.

Der Übergang in die Rolle des selbstbestimmt Sterbenden, der seine Wünsche und Bedürfnisse äußern und umsetzen kann, ist grundsätzlich ein hohes Ideal, das selten erreicht wird und das sozioökonomische und soziale Ressourcen sowie persönliche Kompetenzen erfordert. Ob dieses Ideal im institutionellen Kontext des Gefängnisses umgesetzt werden kann, wird von den Fachdiensten grundsätzlich in Frage gestellt. In den Interviews wird deutlich, dass das Rollenskript des selbstbestimmt Sterbenden im Gefängnis überschrieben wird, weil die Rolle des Inhaftierten dominant bleibt. Der sterbende Mensch bleibe immer noch auch Gefangener, wie es in einem Interview heißt.

Das Dilemma, das an dieser Differenzierung zwischen Sterbenden und Gefangenen sichtbar wird, betrifft auch die Rolle der Professionellen und Bediensteten im Vollzug: Wollen bzw. können sie Inhaftierte als Sterbende und Gestorbene jenseits der Rolle des Inhaftierten wahrnehmen? Verändert sich das professionelle und berufliche Selbstverständnis im Umgang mit Tod und Sterben und im direkten Kontakt mit verurteilten Straftätern, die sich vom Leben verabschieden? Bietet die organisationale Kultur des Strafvollzugs Raum für eine Auseinandersetzung mit solchen grundlegenden Fragen? Sind solche Auseinandersetzungen eingebunden in generelle ethische Diskurse, sowohl im als auch außerhalb des Strafvollzugs? Deutlich wird, dass auch die Fachkräfte und Bediensteten im Gefängnis nicht bruchlos in die Rolle von Sterbebegleiterinnen und -begleitern wechseln können und wollen.

Die vier Spannungsverhältnisse in der Institution im Umgang mit Sterbeprozessen zeigen, dass Tod und Sterben im Gefängnis von Experten und Expertinnen des Strafvollzugs als eine Ordnungskrise thematisiert wird. Diese institutionellen Spannungen haben für die Fachdienste zur Folge, dass unterschiedliche Handlungsanforderungen und -optionen ebenfalls als spannungsreich erlebt werden: Fürsorgliche Beziehungen im Vollzug sind durch Sicherheitsvorschriften durchkreuzt, was zu Einschränkungen der Selbstbestimmung führt. Auf der konkreten Ebene bedeutet dies, dass die individuellen Wünsche am Lebensende von Inhaftierten den Vorgaben des Strafvollzugs untergeordnet werden müssen. Trotz dieser widerstreitenden Anforderungen suchen und finden Fachkräfte im Strafvollzug Wege, um Sterbeprozesse zu begleiten und Trauerarbeit in den Vollzugsalltag zu integrieren.[5]

Handlungsoptionen der Fachdienste im Vollzug

Die Auseinandersetzung mit Sterbeprozessen und mit dem Tod im Gefängnis geht mit der Aushandlung von für den Strafvollzug typischen Grenzen einher. Grenzen zwischen Nähe und Distanz werden gezogen, verschoben und auch

---

5 Für eine ausführlichere Darstellung vgl. Bereswill/Neuber 2019a.

unter den restriktiven Bedingungen der geschlossenen Unterbringung können sich neue Räume öffnen.

Das Thema Tod und Sterben ist mit grundsätzlichen Fragen zur Beziehung zwischen Inhaftierten und Personal verklammert. Die grundsätzliche Frage von Nähe und Distanz in professionellen Hilfebeziehungen erfährt im Strafvollzug eine Zuspitzung: Interaktions- und Beziehungsordnungen zwischen Inhaftierten und Personal sind strikt hierarchisch festgelegt und Insassen werden in die Rolle des Inhaftierten gedrängt. Gerahmt werden die Interaktionen durch das Resozialisierungsparadigma und die Hilfebeziehungen stehen immer im Kontext von Strafe. Im Kontext des Strafvollzugs existieren klare Zuschreibungen und professionelle Abgrenzungen, die ins Wanken geraten, wenn Inhaftierte sterben. Persönliche und professionelle Grenzen auf der Beziehungsebene werden bestätigt oder verschoben, beispielsweise bei der Frage, ob Fachkräfte der Beerdigung eines Inhaftierten beiwohnen würden.

Aber nicht nur die Professionellen grenzen sich ab, sondern Abgrenzungen erfolgen aus Sicht der Fachdienste ebenso von Seiten der Inhaftierten oder Verwahrten. So lehnen Inhaftierte und Verwahrte beispielsweise die Idee einiger Fachdienste, eine Gedenktafel aufzustellen, damit die Erinnerung an verstorbene Inhaftierte bewahrt bleibt, ab. Denn auch für sie steht die Fürsorge im Widerspruch zur Strafe, vor allem, wenn es sich um eine lebenslange Strafe oder unbefristete Unterbringung handelt. Die autoritäre Struktur des Vollzugs rahmt die Interaktionen zwischen Personal und Insassen, die durch ein wechselseitiges Misstrauen geprägt sind. Vor diesem Hintergrund ist die Integration von Patientenrechten und Sterbebegleitung in die Praxis des Vollzugs mit strukturellen Hürden verbunden.

Aber auch die umgekehrte Konstellation wird thematisiert, dass das grundständige Misstrauen gegenüber Gefangenen den Blick auf deren Wünsche, Bedürfnisse und Kompetenzen verstellen würde. Dies betrifft besonders die gegenseitigen Unterstützungsbeziehungen der Gefangenen. Sie erfordern zum einen kleine Zugeständnisse im Alltag des Vollzugs, die im Kontext von Sicherheitsvorkehrungen allerdings grundlegend in die Ordnung des Vollzugs eingreifen. Zum anderen werden sie aus Perspektive der Institution immer auch als potenzielle Machtbeziehungen betrachtet.

Die beschriebenen Grenzziehungen von Seiten der Professionellen und von Seiten der Inhaftierten sind auch mit der Öffnung von Räumen verbunden. Die Interviews machen deutlich, dass eine bewusst gestaltete Sterbekultur, die Räume und Rituale des Trauerns und Erinnerns erfordert, im Vollzug mit offenen Fragen und strukturellen Herausforderungen verbunden ist: Wo werden Inhaftierte beerdigt und wer darf an der Beerdigung teilnehmen? Gibt es Trauergottesdienste in der Anstalt? Wenn ja, wer nimmt an Gottesdiensten teil? Die Fragen verdeutlichen, dass die Integration von Trauersituationen in den Alltag des Strafvollzugs mit konkreten Anforderungen an die Umsetzung verbunden sind, die eine Reflektion der enormen Autonomieeinschränkungen im Vollzug voraussetzen, damit sich diese Erfahrung von eingeschränkter Selbstbestimmung und Ohnmacht im Kontext von Sterbeprozessen nicht weiter zuspitzen (Bereswill/Neuber 2010a: 353).

In einem Interview wird über die Einführung von Trauergottesdiensten in der Anstalt gesprochen und konkret die Situation des ersten Gottesdienstes erinnert. Deutlich wird, dass die Durchführung mit Unsicherheiten verbunden war, wer zum Gottesdienst zugelassen wird und was das auslösen könnte. Im Rückblick wird jedoch resümiert, dass „das Gegenteil eingetreten" ist und es wird eine positiv konnotierte Ausnahmesituation beschrieben, weil die Trauergottesdienste die einzigen Gottesdienste sind, in denen die Bediensteten nicht auf extra Stühlen sitzen, sondern mit in die Reihen rutschen. Dieses ausdrucksstarke Bild verdeutlicht, wie Vertrauen und Misstrauen in Spannung und die wechselseitigen Abgrenzungen zwischen Bediensteten und Inhaftierten in Bewegung geraten. „Der Tod verbindet wieder ein Stück" – was im Alltag des Gefängnisses strikt getrennt gehalten wird, verliert in der Situation des gemeinsamen Trauerns und Gedenkens für einen Moment seine dominante Wirkung.

Ausblick

Die Ergebnisse unserer Studie machen deutlich, dass das Ideal des guten Sterbens Einzug in den Vollzug erhalten hat und dort auf die strukturellen Hürden einer totalen Institution stößt. Die den Vollzug grundlegend durchziehenden Spannungsverhältnisse erfahren im Kontext von Sterbeprozessen eine Zuspitzung. Die autonomieeinschränkenden Strukturen des Gefängnisses sind einerseits so wirkmächtig, dass individuelle Wünsche und die Selbstbestimmungsbedürfnisse von sterbenden Inhaftierten nicht wahrgenommen und erfüllt werden. Zugleich finden Professionelle jedoch Einzelfalllösungen, die Öffnungen des rigiden Systems des Vollzugs in Bewegung setzen und mehr Selbstbestimmung am Lebensende ermöglichen.

Die Frage, ob der Vollzug ein guter Ort zum Sterben ist, wird von den Professionellen sehr differenziert betrachtet und es lässt sich keine einfache Antwort finden. Die Fachdienste suchen Einzelfalllösungen, die ein hohes Engagement Einzelner erfordern, und sprechen sich zugleich gegen Routinisierungen aus, da sie an der Überzeugung festhalten, dass Menschen nicht in Unfreiheit sterben sollten und das Gefängnis kein guter Ort zum Sterben ist. Wird das Argument weitergeführt, dann würden bürokratische Routinen im Umgang mit Sterbeprozessen im Sinne einer strukturellen Verankerung das Gefängnis als guten Ort des Sterbens institutionalisieren.

Sterbeprozesse im Strafvollzug machen eine Öffnung im doppelten Sinne – nach drinnen und draußen – notwendig: Zum einen die Möglichkeit, Inhaftierte nach draußen zu entlassen und zum anderen Öffnungen in den bürokratischen Abläufen im Vollzug, wenn Inhaftierte sich wünschen, im Gefängnis zu sterben oder diese Situation unvermeidbar wird. „Beide Dimensionen eines veränderten Umgangs mit ethischer Verantwortung gegenüber Inhaftierten sollten zudem nicht gegeneinander ausgespielt werden. Aus Sicht der Fachdienste zeigt sich, dass eine Entweder-oder-Position die komplexen Lebenslagen von Inhaftierten und die Möglichkeiten und Grenzen des Systems gründlich verfehlen würde" (Bereswill/Neuber 2019a: 354).

Dieses in den Interviews sichtbar werdende spannungsreiche Nebeneinander der Ermöglichung von Sterbeprozessen im Gefängnis einerseits und der Ablehnung des Gefängnisses als Sterbeort zugleich, gewinnt ihre Brisanz vor dem Hintergrund aktueller kriminalpolitischer Diskurse um die Zukunft von Sicherungsverwahrung und unbefristeten Unterbringungsszenarien. Vor diesem Hintergrund birgt die Institutionalisierung von Sterbebegleitung im Gefängnis die Gefahr, dass das Recht auf ein Leben und ein Lebensende in Freiheit mehr und mehr aus dem Blick gerät.

Literatur

Bereswill, M./Neuber, A. (2019a): „Haft ist ohnehin schon eine Ohnmachtserfahrung, Sterben in Haft ist sozusagen die potenzierte Ohnmacht". Tod und Sterben im Gefängnis – eine qualitative Pilotstudie zur Perspektive der Fachdienste. In: Bewährungshilfe, 4, S. 345–355.

Bereswill, M./Neuber, A. (2019b): Sterben im Strafvollzug. Praktiker_innen im Spannungsfeld zwischen dem Ideal des selbstbestimmten Sterbens und der autoritären Struktur der Institution. In: Sozial extra, 4, S. 249–253.

Bereswill, M./Neuber, A. (2019c): Das Gefängnis – (k)ein Ort zum Sterben? Eine explorative Studie zur Perspektive der Fachdienste. In: Monatsschrift für Kriminologie und Strafrechtsreform, 3, S. 177-183.

Bogner, A./Littig, B./Menz, W. (2014): Interviews mit Experten. Eine praxisorientierte Einführung. Wiesbaden: Springer VS.

Dreßke, S. (2008a): Sterbebegleitung und Hospizkultur. Aus Politik und Zeitgeschichte 4, S. 14–20.

Dreßke, S. (2008b): Identität und Körper am Lebensende: die Versorgung Sterbender im Krankenhaus und im Hospiz. Psychologie und Gesellschaftskritik 32 2/3, S. 109–129.

Göckenjan, G. (2008): Sterben in unserer Gesellschaft – Ideale und Wirklichkeiten. Aus Politik und Zeitgeschichte 4, S. 7-14.

Görgen, T. (2007): Ältere und hochaltrige Gefangene – Herausforderung (und Entwicklungschance) für den Strafvollzug. Kriminalpädagogische Praxis 45/35, S. 5–12.

Goffman, E. (1961/1972): Asyle. Frankfurt/Main: Suhrkamp.

Hostettler, U./Marti, I./Richter M. (2019): Sterben im Justizvollzug. Juristische, ethische und praktische Möglichkeiten und Herausforderungen. In: Bewährungshilfe, 4, S. 356–366.

Hostettler, U./Marti, I./Richter, M. (2017): Ältere Gefangene am Lebensende im Schweizer Justizvollzug: Zentrale Erkenntnisse aus einem kürzlich abgeschlossenen Forschungsprojekt. Justiznewsletter (Bildungsinstitut des niedersächsischen Justizvollzuges) 14/26, S. 7–15.

Hostettler, U./Marti, I./Richter M. (2016): Lebensende im Justizvollzug. Gefangene, Anstalten, Behörden. Bern: Stämpfli Verlag AG.

Liebling, A. (2017): The Meaning of Ending Life in Prison. Journal of Correctional Health Care, 23/1, S. 20–31.

Mayring, P. (1990): Einführung in die qualitative Sozialforschung: eine Anleitung zum qualitativen Denken. München: Beltz.

Steffen-Bürgi, B. (2009): Ein Gutes Sterben und ein Guter Tod: zum Verständnis des Sterbeideals und seiner Bedeutung für Hospiz und Palliative Care. In: Pflege, 22/5, S. 371–378.

Streeck, N. (2017): Sterben, wie man gelebt hat. Die Optimierung des Lebensendes. In: Jakoby, N./Thönnes, M. (Hg.): Zur Soziologie des Sterbens. Aktuelle theoretische und empirische Beiträge. Wiesbaden: Springer VS, S. 29–48.

Tag, B./Groß, D. (2012) (Hg.): Tod im Gefängnis. Hungerstreik, Suizid, Todesstrafe und „normaler" Tod aus rechtlicher, historischer und ethischer Sicht. Frankfurt/Main: Campus Verlag.

Wulf, R./Grube, A. (2012): Sterben im Gefängnis. Menschenrechtliche, ethische und praktische Aspekte. In: Anderheiden, M./Eckhart, W. U. (Hg.): Handbuch Sterben und Menschenwürde. Göttingen: De Gruyter, S: 1571–1593.

Resozialisierung bei Langzeithaftentlassenen

Holger Reiss

Das Schwarze Kreuz Christliche Straffälligenhilfe e. V. unterhält unter anderem in Celle die Anlaufstelle „Projekt Brückenbau". Die Anlaufstelle betreut Menschen, die in der JVA Celle in Haft sind. Hier befinden sich hauptsächlich Inhaftierte mit Langzeitstrafen von zehn Jahren bis lebenslänglich. Bei einigen Inhaftierten wird nach frühestens fünfzehn Jahren der Vollzug der Haft unter Führungsaufsicht ausgesetzt. Dann werden sie aus der JVA entlassen.

Resozialisierung

In vielen Gesprächen mit Inhaftierten und Haftentlassenen hat sich der Blick auf die Thematik Resozialisierung verschärft.

Um den Begriff „Resozialisierung" verstehen zu können, ist es wichtig, die Menschen als soziale Wesen wahrzunehmen, die durch festgelegte Regeln und Normen geschützt werden. Werden diese Regeln missachtet, erfolgt eine Konsequenz auf das Missachten der Regeln. Verstoße ich gegen ein Gesetz, so werde ich für den Verstoß bestraft; so wie es im Gesetzbuch vorgesehen ist (Geldstrafe, Freiheitsentzug). Ziel der Resozialisierung ist es, einen Prozess in Gang zu setzen, damit die betroffenen Menschen wieder in die Gemeinschaft aufgenommen werden können und ihnen ermöglicht wird, in der Gemeinschaft ein straffreies Leben zu führen.

Der Begriff „Resozialisierung" muss als Kurzform für ein gesamtes „Programm" verstanden werden. Im ursprünglichen Sinne meint der Begriff aber die Rückführung oder die Wiedereingliederung eines Menschen in die Gesellschaft. Das „Re" bedeutet übersetzt einen rückführenden oder wiederhergestellten Vorgang. Die Herkunft des zweiten Wortteils ist nicht eindeutig geklärt.

Es ist wichtig zu bedenken, dass die individuellen Faktoren zur Wiedereingliederung bei jedem Menschen unterschiedlich sind, denn Sozialisation findet bereits in der Kindheit statt, die bei jedem anders verlaufen ist. Deshalb versteht man unter Resozialisierung einen Versuch einer nachträglichen Sozialisation, um den Menschen wieder rückführend in die Gesellschaft einzugliedern.

Im Hinblick auf die Begriffsdefinition ist auch die Kriminalprävention wichtig. Dabei geht es vorwiegend um eine Rückfallvermeidung. Jede Straftat ist für den Staat und die Gesellschaft eine Bedrohung der Freiheit, des Rechts und des sozialen Lebens. Bei mehr erfolgreichen Wiedereingliederungen sinken auch die Stigmatisierungen Haftentlassener in der Gesellschaft.

Lebenswelt Gefängnis

Um zu verstehen, um was für Menschen es geht, muss man die Lebenswelt Gefängnis verstehen. Wie sieht das soziale Miteinander bei lebenslänglich Inhaftierten aus?

Unter den lebenslänglich inhaftierten Gefangenen herrscht eindeutig der soziale Verhaltensstil vor. Das bedeutet, dass die meisten von ihnen voll in das Leben und in die Arbeit der Anstalt integriert sind, sie stehen mit den Beamten in einem guten Verhältnis und verstehen sich recht gut mit den Mitgefangenen, auch wenn sie je nach persönlicher Eigenart mehr oder weniger Distanz halten. Beziehungen, die die Gefangenen während der Haft aufbauen, sind von sehr unterschiedlicher Bedeutung, zumal die Motivation von externen Kontaktpersonen und dem Inhaftierten sehr unterschiedlich sein können. Die Kontaktperson möchte dem Inhaftierten bei der Bewältigung seiner Lebenssituation helfen. Der Inhaftierte erwartet in den meisten Fällen Kontakt außerhalb der JVA. Einige Inhaftierte wünschen sich, dass der ehrenamtliche Mitarbeitende sich für ihre Belange in der JVA einsetzen.

Mit der Inhaftierung verlässt ein Mensch seine gewohnte Lebenswelt. Er befindet sich jetzt in einer „totalen Institution". Alle Angelegenheiten des Lebens finden an ein und derselben Stelle unter ein und derselben Autorität statt. Durch die stetige Vorgabe wird der Tagesablauf festgelegt und der Inhaftierte muss keine Entscheidungen mehr treffen. Er verlernt bei einer Langzeitinhaftierung, sein Leben selbst zu organisieren und selbstverantwortlich zu führen.

Der Soziale Dienst im Strafvollzug soll den Gefangenen begleiten und bei den Zielen der Resozialisierung unterstützen. „Soziale Arbeit selbst – wenn sie im Kontext von Sanktionen und in entsprechenden Institutionen zu leisten ist – darf selbst nie Strafe sein und sie legitimiert auch nicht die Strafvollstreckung. Zwar soll die Resozialisierung durch Soziale Arbeit das Ziel im Strafvollzug sein – aber die Strafe wird nicht deshalb im Strafvollzug vollstreckt, damit resozialisiert werden kann, sondern bei gegebener Freiheitsstrafe wird die Gelegenheit zu Resozialisierungsangeboten genutzt. Soziale Arbeit selbst bleibt den Zielen der lebenslangen Verbesserung und einer Erweiterung der Handlungsalternativen verpflichtet und ordnet sich so in eine Kriminalpolitik der Entkriminalisierung und Entpönalisierung ein."[1]

Es lässt sich feststellen, dass mit einer erfolgreichen Resozialisierung zukünftig Straftaten verhindert werden und es somit möglich sein sollte, auch die Zahl der Geschädigten zu reduzieren. Da zumindest ein Teil der Straftäter in ihrem Leben bisher nie oder unzureichend gelernt haben dürfte, Geschäfte auf legale Weise zu erledigen oder Konflikte gewaltfrei zu lösen, geschieht Resozialisierung kaum „nebenbei", sondern es bedarf dazu konkreter und aktiver Maßnahmen. Wird die Resozialisierung vernachlässigt, so stellt das laut Angelika Lang[2] zumindest grobe Fahrlässigkeit, wenn nicht sogar Vorsatz von Seiten der Justiz dar, weil Rückfälligkeit somit wider besseres Wissen in Kauf genommen wird.

Für eine erfolgreiche Resozialisierung ist es also wichtig, dass der Gefangene nicht nur während der Haft betreut, sondern auch nach seiner Entlassung nicht allein gelassen wird. Strafentlassene, die nicht unter Bewährungs- oder Führungsaufsicht stehen und somit nicht die Möglichkeit haben, von dort bei der Wiedereingliederung Hilfe zu bekommen, können sich an die zentralen Beratungsstellen für Straffälligenhilfe wenden. Diese leisten über freie Träger vor allem Hilfe bei der Entwicklung einer positiven Lebensperspektive, bei der Aufrechterhaltung bestehender familiärer Beziehungen, beim Aufbau tragfähiger sozialer Kontakte, bei der Wohnraum- und Arbeitsbeschaffung, der Schuldnerberatung und der Beratung bei bestehender Suchtproblematik.

Resozialisierung gerät durch den Sicherheitsgedanken immer stärker in Bedrängnis. Maßnahmen, die eine Reintegration in die Gesellschaft erforderlich machen, z. B. Haftlockerungen und Freigänge werden durch den Sicherheitsaspekt oft nicht genehmigt. Dadurch haben die Inhaftierten weniger Möglichkeiten, sich im Rahmen der Prävention zu erproben. Diese Erprobungen dienen auch dazu, durch die soziale Kontrolle zukünftig Straftaten zu vermeiden.

Nach Entlassung aus jahrelanger Haft

Wie geht es einem Menschen, der nach langen Jahren Haft entlassen wurde? Einige Haftentlassene berichten, wie aufregend der erste Spaziergang in der

---

[1] Kriminologin und Diplom-Sozialarbeiterin Angelika Lang, UNI Freiburg 2020 aus: „Kriminalitätsvorstellungen in der Bevölkerung", S. 6 ff.
[2] ebd.

Natur gewesen sei, wie sie die Sonnenstrahlen wahrgenommen hätten. Sie erzählen von ihrem ersten Einkauf in einem Supermarkt. Wie ist es, die Waren selbst anzusehen und zu berühren, anstatt sie auf einer Warenliste durch Kreuze auszuwählen und tagelang auf die Lieferung zu warten. Ein Haftentlassener berichtete, dass ihm das Angebot an der Käsetheke überfordert habe. Er wusste nicht, welche Packung Käse er nehmen sollte, denn es lagen 20 verschiedene Sorten in der Auslage.

Gleichzeitig beschreiben einige, besonders Langzeitinhaftierte, die Haftentlassung als eine Zeit, die bei ihnen mit großer Ungewissheit und Verunsicherung einhergeht – durchaus auch Angst.

Im Rahmen der Entlassungsvorbereitung sollten die existenziellen Dinge des Lebens bereits vor der Haftentlassung geklärt sein. Die Thematiken „Wohnen" und „Arbeit" müssen am Entlassungstag geregelt sein. Sollte der vor der Haftentlassung stehende Gefangene nicht auf dem Arbeitsmarkt zu vermitteln sein, müssen am Tag der Entlassung aus dem Vollzug die Anträge zu ALG-I und ALG-II gestellt sein. Die beschriebene Verunsicherung, auch Angst, wird in anderen Fragen deutlich: Kann man überhaupt in der Welt „draußen" zurechtkommen? Wie werden neue Freunde auf den Gefängnisaufenthalt und auf die Straftat reagieren?

Computer und Smartphones sind oft unbekannt – besonders bei Langzeitinhaftierten. Ein Haftentlassener erzählte, dass er sich nach der Haft sofort ein Smartphone zugelegt habe. Mit Begeisterung nutze er WhatsApp mit den Emojis, die er entdeckt habe, mit denen er seine Stimmungen und Emotionen in den Nachrichten wiedergeben könne. Als er vor zwanzig Jahren seine Haft antrat, waren Smartphones noch keine Alltagstechnologie. Im Gefängnis sind Handys genauso wie Computer verboten. Der Haftentlassene war 20 Jahre von den technischen Entwicklungen der Alltagswelt abgeschnitten. Er erzählte weiter von einem Spaziergang durch die Stadt, bei denen er Passantinnen und Passanten gesehen hatte, die scheinbar mit sich selbst redeten. Lachend berichtete er, dass diese Menschen kabellose Kopfhörer im Ohr gehabt und offenbar telefoniert hätten. Der Anblick war für ihn so ungewohnt, dass er einen kurzen Moment gebraucht hatte, um dies zu verstehen.

Ganz ähnlich ging es auch einem anderen Entlassenen. Nur wenige Tage nach seiner Entlassung wollte er seine Schwester besuchen. Nach einem Blick auf den Ticketautomaten am Bahnhof habe er sich umgedreht und sei nach Hause gegangen. Er sei überfordert gewesen mit dem Bedienterminal. Andere Menschen um Hilfe zu bitten habe er sich nicht getraut. Er habe Panik bekommen, sei verunsicher gewesen und daher schnell wieder zurück in seine eigenen, vertrauten vier Wände gegangen.

Viele irritiert die Schnelligkeit des städtischen Verkehrs. Menschenmassen in der Innenstadt und das Gedränge beim öffentlichen Nahverkehr – dicht an dicht mit anderen Menschen. Körperliche Nähe ist bei vielen Gefangenen mit Gewalt belegt. Viele reagieren mit Abwehr und Aggression. Die Welt „draußen" ist fremd geworden.

Neben der Fremdheit der Alltagswelt „draußen" ist die Zeit der Haftentlassung von weiteren Unsicherheiten geprägt. Sie betreffen insbesondere die zentralen Lebensbereiche Wohnen, Arbeiten und soziale Beziehungen. Durch die Fremdheit der Welt außerhalb der Gefängnismauern stellen diese Lebensbereiche eine Herausforderung dar. Besonders gesellschaftliche Stigmatisierungsprozesse erschweren die Wohnungs- und Arbeitssuche sowie den Aufbau sozialer Beziehungen noch zusätzlich.

Isolation und Einsamkeit

Haftentlassene gehen mit der Reduzierung auf ihre Straftat und Haftzeit sowie mit ihrer gesellschaftlichen Fremdwahrnehmung als Kriminelle auf unterschiedliche Art und Weise um. Manche ziehen sich aus dem gesellschaftlichen Leben zurück. Sie scheuen den Kontakt zu anderen Menschen, sei es beim Einkaufen im Supermarkt, beim Besuch eines Cafés, bei der Wohnungs- und Arbeitssuche. Die Angst, durch das Stigma des Kriminellen zurückgewiesen zu werden, führt sie in soziale Isolation. In Haft, so hafterfahrene Männer, habe man keine Freunde. Jeder sei auf sich allein gestellt. Soziale Isolation beginnt bereits im Gefängnis.

Haftentlassene, die eine Langzeitstrafe verbüßt haben, ziehen sich in der ersten Zeit in Freiheit oft zurück. Sie verbringen viel Zeit in Einsamkeit, da dies für sie ein sicherer Rückzugsort ist. Gelungene Resozialisierung muss für soziale Bindungen sorgen, damit aus der selbst verordneten Einsamkeit keine soziale Isolation wird.

Einsamkeit wirkt negativ auf die Psyche und die körperliche Gesundheit eines Menschen. Der Zustand bzw. das Empfinden von Einsamkeit wird wie Armut oder Arbeitslosigkeit als ein krankmachender Faktor betrachtet. Ihre negativen Auswirkungen besonders auf die Gesundheit von Menschen sind seit geraumer Zeit belegt. Dabei entsteht häufig ein Teufelskreis: Betroffene schämen sich für ihre fehlenden sozialen Kontakte und ziehen sich noch mehr von anderen Menschen zurück. Das führt zu einem hohen Leidensdruck und wirkt sich negativ auf die Lebensqualität aus. Unterschiedliche Studien haben inzwischen den Zusammenhang von Einsamkeit und Depressionen nachgewiesen. Ebenso sind die körperlichen Folgen schwerwiegend. Das Fehlen von sozialen Beziehungen über einen längeren Zeitraum wird inzwischen als ähnlich gefährlich eingestuft wie übermäßiger Alkoholkonsum, Nikotin, schlechte Ernährung oder ständiger Bewegungsmangel.

Das größte Risiko bei einem dauerhaften Lebensstil ohne ausreichende soziale Bindungen ist die damit oft verbundene ungesunde Lebensart. Welche drastischen Folgen, das haben kann, belegt die Studienauswertung der Brigham Young University. Menschen mit einem funktionierenden Freundeskreis haben ein bis zu 50 % niedrigeres Sterberisiko. Der Grund liegt vor allem darin, dass Menschen in Beziehungen oder festen Gruppengefügen verantwortungsvoller mit sich selbst und anderen umgehen. Gesundheitsfördernden Aktivitäten wie Sport oder Kochen wird demnach in Beziehungen und Gruppengefügen deutlich stärker nachgegangen als bei Alleinlebenden oder sich isoliert fühlenden Menschen. Auch hier sind die Folgen messbar: Menschen, die unter Einsamkeit leiden, sind körperlich bis zu 40 % weniger aktiv als sozial eingebundene Menschen.

Einsamkeit und soziale Isolation stellen in jedem Lebensalter psychosoziale Stressoren dar, die das psychische Wohlbefinden und die Lebensqualität erheblich beeinträchtigen können. Ein Mangel an wertschätzenden, positiv anregenden zwischenmenschlichen Erfahrungen befördert Apathie und depressive Entwicklungen.

Hierdurch steigt das Suizidrisiko, das in dieser Bevölkerungsgruppe im Vergleich zur restlichen Allgemeingesellschaft ohnehin deutlich erhöht ist. Angst- und Anpassungsstörungen sowie ein riskanter beziehungsweise missbräuchlicher Alkoholkonsum sind weitere psychische Komorbitäten, die bei isoliert lebenden Menschen vermehrt beobachtet werden. Soziale Isolation ist darüber hinaus ein Risikofaktor für kognitive Beeinträchtigungen bis hin zur Demenz. Bereits bestehende kognitive Defizite werden durch die Reduzierung sozialer Kontakte verschlimmert.

Dem könnte im Bereich Freizeit und Sport entgegengewirkt werden. Häufig bleibt es bei der guten Absicht, bei einem Sportverein mitzumachen. Die Angst, sich den Menschen zu öffnen, ist größer als die Einsamkeit. Lieber in Isolation leben als durch Stigmata und Vorurteile verletzt werden. Diese Aussagen hören wir häufig den Männern, die wir betreuen und begleiten. Verlässliche Zahlen konnten nicht ermittelt werden.

Tagesstruktur

Besonders bei Entlassenen, die lange inhaftiert waren, ist festzustellen, dass sie erhebliche Probleme haben, sich eine Tagesstruktur zu geben. Auf die Frage: „Wie sieht Ihr Alltag aus?" antworten viele Haftentlassene: „Aufstehen, arbeiten gehen, nach Hause kommen und fernsehen, schlafen." Wird etwas genauer nachgefragt, ist den Befragten bei der Beantwortung der Frage eine Überforderung anzumerken. Es fehlen häufig Strukturen, die neben den existenziellen alltäglichen Aufgaben der verbleibenden Zeit einen Rahmen geben. So fehlt es an Ritualen: In vielen Familien trifft man sich zum Abendbrot und tauscht sich aus. Aber auch andere Strukturen sind nicht sichtbar. Dabei könnte die Soziale Arbeit mit der pädagogischen Methode der Tagesstruktur den Haftentlassenen helfen. Die Tagesstruktur koordiniert individuell und bedarfsorientiert unterschiedliche Beschäftigungs- und Aktivitätsmöglichkeiten, über den Tag und die Woche verteilt.

Die eigene Lebenswelt sinnvoll zu strukturieren, ermöglicht auch im Alltag „neues Erleben", „neues Wissen", „neues Handeln" und die Erfahrung von „Grenzen" und den Umgang damit. Strukturen geben dem Leben Halt und machen es leichter, Sinn zu erfahren – auch im Alltag. Diese Fähigkeiten haben viele Haftentlassene im Rahmen ihrer Haftzeit verlernt.

Auf die Frage: „Wann machst du deinen Hausputz?" antwortete ein Haftentlassener: „Weiß ich nicht! Ich war 30 Jahre in Haft. Mir wurde immer gesagt, wann ich was machen sollte. Jetzt ist es doch egal, ob ich überhaupt etwas mache. Macht doch keinen Sinn."

Aus solchen Antworten kann man häufig heraushören, dass der Mensch, der so etwas sagt, mit seiner Lebenssituation überfordert ist. Dass er punktuell Strukturen gesetzt bekommen müsste, sodass diese neben der Arbeit dem Alltag geben. Ergibt sich dieser Mensch in sein vermeintliches Schicksal, so kann es dazu kommen, dass er (sozial)verwahrlost verwahrlost.

Der österreichische Psychiater Viktor Frankl war der Meinung, dass nur die, die einen Sinn im Leben haben, auch glücklich sein können. In einer Studie der Universität Innsbruck wurden sinnstiftende Details, die „selbstüberschreitend" sind, ermittelt. Dabei kann es sich um Religion handeln, aber auch um sozialen Einsatz, Naturverbundenheit oder die sogenannte Generalität. Das bedeutet, dass man etwas an die Gesellschaft weitergibt. Etwa durch die Kinder, Kunst, politischen Einsatz oder durch Nachbarschaftshilfe.[3]

Durch die Bewältigung des Alltags gewinnt der Haftentlassene an Selbstwertgefühl. Es gibt ihm die Sicherheit, den Tag zu bestehen, Aufgaben zu meistern und öffnet bei vielen Haftentlassenen auch den Weg aus der Einsamkeit.

Gute Resozialisierung unterstützt den Haftentlassenen bei der Strukturierung seines Alltags. Diese Strukturierung kann im Rahmen des Empowerments mit dem Haftentlassenen erarbeitet werden, z. B. durch das Erstellen von Wochenübersichten. Diese dienen als Orientierung und können Sicherheit geben, dass der Alltag gemeistert werden kann. Diese Erfahrung wiederum stärkt das Selbstwertgefühl. Die freie Zeit, die zur Verfügung steht, kann so sinnvoll gestaltet werden – nach den Wünschen und Bedürfnissen des Haftentlassenen.

Weitere Faktoren

Damit Resozialisierung gelingt, müssen die genannten Faktoren beachtet werden. Deswegen ist auch aufzuspüren, wo die Interessen liegen. Dabei spielt auch die Sozialisation der Betroffenen eine wesentliche Rolle. Oft findet man in Gesprächen über die Kindheit und Jugend Interessen, denen sie früher nachgegangen sind, z. B. Fußball im Verein, Schachclub, Pfadfinder. Mit diesen Informationen kann für die freie Zeit Beschäftigung gefunden werden.

Resozialisierung bedeutet für Haftentlassene außerdem, nicht nur die Grundbedürfnisse sicherzustellen, sondern auch auf Unwürdigkeiten hinzuweisen, die ihnen in der Gesellschaft begegnen können. Ein Gefangener dazu: „Meine richtige Strafe beginnt erst, wenn ich entlassen werde."

Mit der Entlassung ist die Haftstrafe abgegolten. Der Haftentlassene bleibt aber erst einmal gesellschaftlicher Außenseiter. Das macht es ihm schwer, ein Leben ohne Straftaten zu führen. Dies lässt sich an diversen Schwierigkeiten festmachen, mit denen sich ehemalige Inhaftierte konfrontiert sehen, beispielsweise nach der Entlassung eine eigene Wohnung zu finden, eine Arbeit aufzunehmen oder das soziale Netz aus der Zeit vor der Haft zu reaktivieren. Hierzu kommen geringe Rentenansprüche und kein oder wenig Anspruch auf Arbeitslosengeld als Folge langjähriger Inhaftierung. Dieser Überschuss der Strafe über ein klar defi-

---

3 https://schroedingerkatze.at/der-sinn-des-lebens/ (Abruf: 16.11.2021).

niertes Strafmaß hinaus betrifft nicht nur den oder die Inhaftierte selbst, sondern auch deren Angehörige.

Bei der Resozialisierung hat das Thema Zurückweisung und Ausgrenzung einen wichtigen Stellenwert. Fragen dazu sollten angesprochen werden, z. B.: „Wie gehe ich damit um, wenn jemand aus meinem Arbeitsteam mit mir nicht zusammenarbeiten möchte?"

Es ist wichtig, den Haftentlassenen auf solche Situationen vorzubereiten, damit er nicht bei einer Ablehnung in eine Überforderung bzw. in eine innere Panik gerät und als Folge nicht mehr bei der Arbeit erscheint. Je länger jemand in Haft war, desto wichtiger ist es, auch diese Situationen anzusprechen und mit ihm zusammen Strategien zu entwickeln, damit die eben beschriebenen Faktoren nicht eintreten oder bewältigt werden können.

Zusammenfassung

Grundlage einer guten Resozialisierung ist Vertrauen. Es sollte über einen längeren Zeitraum aufgebaut werden. Im Rahmen der Entlassungsvorbereitung sollte nicht nur über Angelegenheiten gesprochen werden, die zu den existenziellen Grundlagen gehören. Genauso wichtig ist es, auf Bedürfnisse zu achten, die für einen sinnerfüllten Alltag von Bedeutung sind. Ebenso gehört auch eine Vorbereitung auf schwirige Lebenssituationen dazu.

Der Haftentlassene sollte im Rahmen der Resozialisierung zwei Jahre begleitet werden. Wie eng diese Begleitung im Einzelfall ist, bestimmt natürlich der ehemalige Inhaftierte. Eine Anbindung an die Straffälligenhilfe sollte aber auch über die zwei Jahre hinaus möglich sein.

Literatur

Becka, Michelle (2016): Strafe und Resozialisierung. Hinführung zu einer Ethik des Justizvollzugs. Band 16; Münster.

Bossers, Jodie (2017): Alternative Strategien zur Resozialisierung von Strafgefangenen am Beispiel eines Projektes in der JVA München, Diplomarbeit, Hochschule des Bundes für öffentliche Verwaltung, Fachbereich Bundespolizei, 2017.

Bruns, Sabine/Reichenbach, Marie-Therese (2018) (Hrsg.): Resozialisierung neu denken, Freiburg im Breisgau.

Cornel, Heinz (2021): Resozialisierung durch soziale Arbeit, Stuttgart.

Dübgen, Franziska, Strafe als Herrschaftsmechanismus DOI:10.5771/0023-4834-2017-2-141.

Foucault, Michael (1994): Überwachung und Strafen. Die Geburt der Gefängnisse, Frankfurt/Main.

Freischüßler, Ausgabe 18, 2010/2011, S.6 -65, Valentina Badura, aus:"Entknastung aufgehoben".

Was alles in einem Menschen sein kann[1]

Steffen Schroeder

Langzeithäftlinge können sich mitunter ein Leben außerhalb der Anstaltsmauern gar nicht mehr vorstellen. Ich weiß von einigen Häftlingen, die keinen Antrag auf Entlassung mehr stellen.

Einmal führte ich mit Micha (dem Häftling, den ich als Vollzugshelfer betreut habe) ein Gespräch zu diesem Thema. Ein Kollege, genannt Smokey, war wenige Tage zuvor an verunreinigtem Heroin in der Haft verstorben.

„Smokey", wie er genannt wurde, war Gründungsmitglied einer Motorradgang und saß bereits seit 1988 ein, also seit achtundzwanzig Jahren. „So lange? Und warum war er immer noch hier?", frage ich.

„Ja, den haben die vergessen. Auch ein Lebenslänglicher. Er hat sich nicht so bemüht, rauszukommen. Er hatte sich damit abgefunden, hierzubleiben."

Er bläst den Rauch aus dem Fenster. Es ist für mich immer wieder schwer zu verstehen, wie jemand den Kampf um Freiheit aufgeben kann, noch dazu ein Mann von nur fünfundfünfzig Jahren.

„Er hat kein Bock gehabt, den langen Anlauf zu nehmen, das Rumgekämpfe, so wie ich. Er hat jahrelang beobachtet, wie schwer das ist, und hat gemeint, das tut er sich nicht an – gegen Windmühlen zu kämpfen. Aber er war n lustiger Typ. Na ja", er zieht an seiner Zigarette, „immer ätzend, wenn einer stirbt, mit dem man hier drinne viel zu tun hatte. Echt übel."

Er blickt dem Rauch hinterher, der durch das Fenster in den Frühlingshimmel aufsteigt.

„Von seiner Motorradgang hatte er sich getrennt. Aber sein Bruder ist immer noch drin, und die haben ihn jetzt anständig beerdigt. Da tritt der Club dann schon für ein."

---

1 Auszüge aus dem Buch „Was alles in einem Menschen sein kann – Begegnung mit einem Mörder", Berlin 2017, mit freundlicher Genehmigung des Rowohlt-Verlages Berlin.

Mit einer nasalen Überdosis kenne ich mich nicht aus.

„Vermutlich ist er dann an seinem Erbrochenen erstickt?", frage ich.

„Die haben gesagt, es war ne Überdosis. Aber das kann nicht sein. Das Zeug war scheiße. Einer der Beamten hat angedeutet, dass das Heroin dreckig war. Hier im Haus gibt's nur zwei Leute, die Heroin verkaufen. Die beiden haben sie daraufhin sicherheitsverlegt, weil sie Schiss hatten, wir legen die um. Einige sind echt sauer. Die Typen verkaufen hier dreckiges Heroin, und daraufhin stirbt jemand. Das nehmen denen auch Leute übel, die selber gar nichts nehmen. Also haben sie die zwei eingepackt und in n anderen Knast verlegt. Keiner weiß, wohin."

„Die Beamten wissen, wer im Haus dealt, und unternehmen trotzdem nichts dagegen?"

„Die können nichts machen, weil sie bei denen nichts finden. Die haben nur die Info, das spricht sich rum, aber keine Beweise. Die Jungs sind ja nicht blöd."

Micha hat mir schon öfter erzählt, dass man hier Dinge sehr geschickt versteckt, irgendwo auf dem Gelände oder in der Arbeitsstätte.

„Warum haben sie ihn eigentlich erst am Nachmittag gefunden?"

„Er hat sich mittags um zwölf nach der Zählung auf Zelle einschließen lassen, wie viele hier. War ja Wochenende. Und da lassen sich viele nach der Zählung um 12 zumachen. Um 16 Uhr schließen die Beamten bei denjenigen dann noch mal kurz auf, fragen, ob man noch heißes Wasser für n Tee möchte, danach geht's am Wochenende ja schon in den Nachtverschluss. Jedenfalls, da haben se ihn gefunden."

„Lässt du dich auch früher wegschließen?"

„Nee, am Wochenende nicht. Da bleib ich offen, bis es zugeht. Aber die meisten bei mir auf Station, die sind ja schon hundert Jahre hier. Die kommt keiner mehr besuchen, also machen sie sich zu."

„Aber, dann ist man ja die ganze Zeit nur auf Zelle? Das macht doch krank."

„Ja, aber die gehen doch sowieso gar nicht mehr raus. Selbst wenn die Zelle offen ist. Insofern spielt's gar keine Rolle mehr. Die meisten von denen gehen nicht mehr in den Hof oder laufen auf dem Flur rum oder besuchen n Kumpel auf seiner Zelle. Die sitzen sowieso nur den ganzen Tag in ihrer Zelle. Wenn zu ist, kann man sich wenigstens darin bewegen, wie man möchte. Und niemand kann reinkommen."

„Umso länger die Leute sitzen, desto mehr lassen sie sich wegschließen. Ist das so?"

„Klar. Irgendwann hat man jede Geschichte gehört. Irgendwann hat man den Kopf voll mit seinen eigenen Problemen und will nicht noch andere hören. Man will auch keine neuen Leute mehr kennenlernen. Ich will auch keine neuen mehr kennenlernen. Das interessiert mich nicht mehr."

„Wieso?"

„Neue Leute bringen immer neue Probleme mit sich. Die sind hier neu, die haben vielleicht irgendwelche Feinde hier drin, du wirst in irgendwas mit reingezogen – ich hab keinen Bock mehr auf so was. Das zieht mich nur wieder in irgendwelchen Ärger mit rein. Dazu kommt: Man freundet sich an, und früher oder später geht der andere wieder – wird verlegt, wird entlassen, und dann ist man eh wieder alleine. Dem will ich eigentlich ausm Weg gehen."

Er blickt in den Hof, in dem der erste der wenigen Sträucher angefangen hat zu blühen.

„Im Winter, wo es so dunkel war, da ging's irgendwie. Aber jetzt, wenn der Frühling kommt, da kriegt man den Drang nach draußen."

Nachdem er eine Zeitlang geschwiegen hat, fragt er, wie es mir und meiner Familie geht. Ich erzähle ihm von Ostern, von unserem kleinen Familienurlaub, und wie immer hört er gespannt zu. Er erfreut sich an Erzählungen über meine Söhne, er lacht, ich habe das Gefühl, es tut ihm gut, daran teilzuhaben. Schließlich frage ich ihn nach seiner Familie, ob er noch einmal irgendetwas von einem seiner Geschwister gehört hat. Seine Miene verdunkelt sich.

„Gar nichts. Ich muss immer derjenige sein, der sich meldet. Melde ich mich nicht, meldet sich niemand. Da kommt nicht mal kurz ne Karte: ‚Lange nichts mehr von dir gehört', oder so. Ich erwarte ja nicht viel – mal ne Karte, mal n Telefonat. Das würde mir schon helfen. Teilweise fühl ich mich, als wär ich komplett alleine auf der Welt. Deswegen hab ich auch manchmal gar kein Bock mehr zu kämpfen, weil, wofür?

Da gibt's nichts, was mich draußen haben will. Da kommen dann eben manchmal auch so Gedanken, dass man sagt:

Komm, ich lass das jetzt. Ich bleib einfach hier drin. Jetzt versteh ich die Leute, die sagen: ‚Raus? Ach, ist mir nicht so wichtig. Ich bleib einfach hier drinne.' Früher war mir das nicht begreiflich. Und dann wieder, vor allem wenn schönes Wetter ist, krieg ich manchmal so n richtigen Rappel: Nee, jetzt kämpfste! Ich will raus!, denk ich dann."

„Und Smokey, wenn der einen Antrag auf Entlassung gestellt hätte, hätte das gereicht – nach achtundzwanzig Jahren?"

„Nee, dann beginnt das Ganze ja erst: Gutachten, irgendwann Lockerungsphase, die ganze mühsame Maschinerie würde dann überhaupt erst anlaufen.

Lebenslänglich ist lebenslänglich, bis du aufhörst zu atmen. Nach fünfzehn Jahren hast du nur die Chance auf ne Begnadigung, aber die muss nicht kommen.

Smokey hatten sie mal ne Ausführung angeboten, aber er wusste nicht, wo er hinsoll. Eines Tages kam er zu mir: ‚Micha, die wollen, dass ich ne Ausführung mache. Wo soll ich denn hingehen? Ich war ja seit der Mauer nicht mehr draußen!' Ich sage: ‚Ja, Digger, geh ins Museum, oder ...' ‚Nee', sagt er, ‚nichts Öffentliches. Muss n geschlossener Raum sein, aber wo soll ick denn hingehen? Ick kenn doch niemanden mehr.'"

Auf meinen verständnislosen Blick hin erklärt mir Micha, dass Smokey in fast drei Jahrzehnten Haft keine einzige Ausführung gemacht hat.

Nach vielen Jahren hatte man ihm das zwar angeboten, aber da die beiden ersten Ausführungen aus Sicherheitsgründen in geschlossenen Räumlichkeiten erfolgen müssen, sprich in der Wohnung von Eltern, Bruder oder einem Freund, wissen viele nicht, wo sie hingehen sollen

„Warum hat er seine erste Ausführung nicht zur Straffälligenhilfe gemacht, so wie du?"

„Hatte er keinen Draht hin. ‚Worüber soll ick mit denen reden, Micha?', hat er gefragt. ‚Worüber soll ick da quatschen? Über ne Wohnung? Über Arbeit?' Es ging wirklich um diesen Raum, den er gebraucht hätte, für die ersten beiden Ausführungen.

Ich hab ihm ein paar Ratschläge gegeben, aber er konnte damit nichts anfangen. Also blieb er hier drin. Er hat seine Arbeit gehabt, ist immer arbeiten gegangen, ob Husten, Schnupfen, Grippe. Das war n guter Kerl. Sauerei, dass sie dem so nen Scheiß verkauft haben."

Störungen kognitiver Leistungsfähigkeit älterer Inhaftierter

Sandra Verhülsdonk

Einleitung

Analog zum demografischen Wandel hat die Anzahl von Strafgefangenen im Alter von 60 Jahren oder älter in Deutschland zugenommen. Für Nordrhein-Westfalen wurde im Zeitraum von 1992 bis zum Jahr 2014 ein Anstieg um 542 % dokumentiert (Langenhoff 2015).

Dabei ist die Studienlage zu der Situation älterer Strafgefangener insgesamt spärlich und fast ausschließlich auf den anglo-amerikanischen Raum beschränkt. Thematisch fokussiert die Mehrheit der Projekte den somatischen Zustand der Gefangenen und beschreibt für diese Gruppe eine hohe Prävalenz chronischer Erkrankungen. Eine Erhebung zum allgemeinen Gesundheitszustand von älteren Inhaftierten (intramurale Gruppe) in Rheinland-Pfalz dokumentiert bei den einzelnen Befragten mehr Diagnosen als Zeichen von Multimorbidität und einen höheren Hilfebedarf bei inhaftierten über 60-Jährigen im Vergleich zu einer extramuralen Kontrollgruppe (Meyer 2016). Auch funktionale Defizite zeigten sich stärker ausgeprägt als in einer Vergleichsgruppe außerhalb des Strafvollzugs (extramurale Gruppe) (ebd.).

Gleichgerichtete Befunde wurden ebenfalls im Rahmen einer Untersuchung an älteren weiblichen Gefangenen in US-Gefängnissen aufgezeichnet (Williams et al. 2006).

Aufgrund der beschriebenen Assoziation mit einem grundsätzlich schlechteren Gesundheitszustand postulieren die Autoren die routinemäßige Evaluation des funktionalen Status. Dabei erwiesen sich etablierte Skalen zur Erfassung der Alltagsaktivitäten (Activities of daily living, ADL) als unzureichend bzw. nicht passend, sodass durch Williams und Kollegen (2006) die Modifikation und Erstellung einer „prison-ADL" erfolgte. Dieses Tool geht auf die Besonderheiten von US-Gefängnissen ein, ist jedoch nicht auf den deutschen Strafvollzug übertragbar. Ein Übersichtsartikel von Kakoullis und Kollegen (2010) beschreibt auf Basis mehrerer internationaler Arbeiten ebenfalls einen schlechteren somatischen Zustand älterer Inhaftierter.

Die Prävalenz psychischer Erkrankungen in Populationen im Strafvollzug ist erhöht. Kingston et al. (2011) berichteten bei 50 % der untersuchten Probanden Hinweise auf eine psychische Erkrankung, am häufigsten lag ein depressives Syndrom vor, bei 12 % der untersuchten Probanden fanden sich Hinweise auf eine kognitive Dysfunktion. In einer Arbeit von Fazel et al. (2001) an Strafgefangenen über 60 Jahren in England und Wales wurden bei 29,6 % Hinweise auf eine depressive Störung gefunden. Die Häufigkeit liegt dabei über der von jüngeren Strafgefangenen, aber auch oberhalb der gleichaltrigen extramuralen Bevölkerung.

Berücksichtigt man den mit solchen Erkrankungen einhergehenden Hilfebedarf, ist die Frage nach der Häufigkeit des Auftretens von kognitiven Einschränkungen für die Mitarbeitenden im Alltagsleben einer Einrichtung des Strafvollzugs ebenso wie auf der Steuerungsebene und für politische Akteure relevant und wird in den kommenden Jahren zunehmend an Bedeutung gewinnen.

Erste empirische Ergebnisse zur Häufigkeit kognitiver Einschränkungen

Um erste empirische Daten zu generieren, wurden Befragungen in neun Justizvollzugsanstalten in Nordrhein-Westfalen an älteren Inhaftierten durchgeführt. Im Fokus standen dabei Fragen nach dem durchschnittlichen kognitiven Leistungsniveau, der Häufigkeit kognitiver Einschränkungen und auch die Frage nach Risikofaktoren für demenzielle Erkrankungen. Hierfür wurden zu insgesamt 116 Inhaftierten im Alter von 53–93 Jahren Daten zur Biografie und zu Erkrankungen erfragt und verschiedene neuropsychologische Testinstrumente eingesetzt. Daneben fanden sich auch hier Hinweise auf häufige somatische Erkrankungen: Häufigste Angabe waren somit kardiovaskuläre Erkrankungen. Im Durchschnitt hatten die Inhaftierten zwei bis drei somatische Diagnosen und nahmen am häufigsten Präparate zur Blutdrucksenkung, z. B. Beta-Blocker und Antikoagulation ein. Nur 18 (15,5 %) der befragten Straftäter gaben an, keine relevante bzw. bekannte Erkrankung/Einschränkung zu haben. Insgesamt 63 Probanden (54,3 %) gaben Mehrfachdiagnosen an.

Hinsichtlich der kognitiven Leistungsfähigkeit besteht für das globale kognitive Leistungsniveau ein unterschiedliches Bild in Abhängigkeit des genutzten Instrumentes. Über den MMST erzielte ein Großteil der Gruppe ein Ergebnis im Normbereich: Bei 55,2 % lag die Leistung im Normbereich, 36,2 % erzielten Resultate im grenzwertigen Bereich. Bei 6 % fanden sich Hinweise auf ein demenzielles Syndrom. Im Vergleich mit Ergebnissen aus Großbritannien, die einen Cut-off-Wert von 26 nutzten und danach 12,8 % der Stichprobe mit pathologischem Ergebnis fanden, lässt sich sagen, dass in der hier untersuchten Stichprobe 29,1 % unter diesem Wert lagen. Möglicherweise ist dieser Unterschied auf die verschiedenen Einschlusskriterien zurückzuführen: Kingston und Kollegen schlossen Inhaftierte über einem Grenzalter von 50 Jahren in die Studie ein, wohingegen in der vorliegenden Arbeit als Einschlusskriterium ein Alter von 60 Jahren definiert wurde.

Hier wird bereits das Fehlen einer einheitlichen Definition der Gruppe „Ältere Straftäter" deutlich. In internationalen Arbeiten variieren die Einschlusskriterien für diese Gruppe von 50 bis hin zu 65 Jahren.

Die in internationalen Arbeiten (z. B. Grassian 2008) beschriebene Schwierigkeit mit dem MMST als Screening-Instrument im Strafvollzug konnte in der vorliegenden Arbeit nicht bestätigt werden. Die oftmals erwähnten Defizite in der zeitlichen Orientierung zeigten sich nicht für die vorliegende Population. Der weit überwiegende Teil beantwortete Fragen zur zeitlichen, örtlichen und situativen Orientierung korrekt.

Grundsätzlich stellt sich die Frage, inwiefern ein Vergleich mit internationalen Ergebnissen und Erfahrungen möglich bzw. aussagekräftig ist. Wenngleich eine Inhaftierung sicherlich überall mit einer restriktiven Umgebung und Freiheitsentzug assoziiert ist, werden sich möglicherweise dennoch Unterschiede in der Ausgestaltung des Strafvollzugs zwischen den verschiedenen Ländern finden. Das Ausmaß und der Einfluss dieser Unterschiede können dabei nicht valide abgeschätzt werden. Dennoch sollen der Vollständigkeit halber auch nachfolgend internationale Ergebnisse zumindest erwähnt werden.

Unter Berücksichtigung der ausgeprägten Varianz hinsichtlich Alter und Ausbildungsjahren in der Stichprobe wurden neben den Rohwerten im MMST auch die transformierten z-Werte betrachtet, anhand derer die Ergebnisse in Gruppen klassifiziert wurden. Hiernach sinkt die Anzahl derer mit Leistungen im Norm- oder grenzwertigen Bereich auf 52,7 %. Für 47,3 % wurden die Leistungen als leicht bis sogar schwer beeinträchtigt ausgewiesen.

Als zweites Maß der globalen Kognition wurde der DemTect genutzt, der ein sensitives Verfahren in der Differenzierung beginnender kognitiver Leistungseinbußen darstellt. Analog zu der Gruppierung der MMST-Resultate mittels z-Wert wurden auch hier 54,6 % als kognitiv altersentsprechend leistungsfähig eingestuft. 32,4 % hatten Ergebnisse, die auf eine leichte kognitive Störung (Mild

Cognitive Impairment), als potenziellem Prodromalstadium demenzieller Erkrankungen hinweisen. Bei 12,1 % lieferte das Resultat Hinweise auf eine bereits manifeste Demenzerkrankung.

Zusammenfassend kann hinsichtlich der globalen Kognition festgehalten werden, dass die Prävalenz kognitiver Einschränkungen über der für extramurale Populationen dokumentierten Angaben liegt: So wurde für eine Stichprobe älterer Menschen über 75 Jahren (und somit 15 Jahre über den hier zugrunde liegenden Einschlusskriterien) eine Prävalenz kognitiver Einbußen von 20 bis 40 % beschrieben (Hensel et al. 2007; Kalbe et al. 2004; Reischies/Wertenauer 2011).

Die frontalen Funktionen in der untersuchten Stichprobe gelten bei 55 % als unterdurchschnittlich bzw. eingeschränkt in ihrer Funktionsfähigkeit.

Eine vergleichbare Arbeit aus Frankreich (Combalbert et al. 2018) nutzte einen allgemeinen Cut-off von 16, nach dem 90 % der Probanden als eingeschränkt bewertet wurden. Im Rahmen des vorliegenden Projektes würden demnach 82,5 % der untersuchten Probanden unter dem Cut-off liegen. Zusätzlich erhoben die Forscher in Frankreich die Daten einer extramuralen Kontrollgruppe, in der sich eine Häufigkeit von lediglich 50 % für eine frontale Dysfunktion fand. Gleichzeitig ist darauf hinzuweisen, dass auch für jüngere Strafgefangene immer wieder frontale Defizite dokumentiert wurden.

Grundsätzlich zeigten sich bei den überprüften frontalen Funktionen vor allem das Abstraktionsvermögen und die Interferenzanfälligkeit betroffen.

Die mittels Trail Making-Test erhobenen Exekutivfunktionen weisen bei 39 % auf eine Beeinträchtigung in der visuomotorischen Geschwindigkeit als basaler Aufmerksamkeitsleistung hin, die kognitive Flexibilität war bei 22,4 % der Probanden eingeschränkt. Zu berücksichtigen ist bei den beiden letztgenannten Ergebnissen die Anzahl der Probanden (15,5 %), die mit der Umsetzung der Instruktion überfordert waren und die Aufgabe nicht bearbeiten konnten, sodass hier von einem erheblichen Defizit auszugehen ist.

Eine solche defizitäre Exekutivleistung wurde ähnlich wie bei den frontalen Funktionen nicht nur für ältere, sondern ebenso für jüngere Inhaftierte berichtet (Tuominen et al. 2014; Meijers et al. 2015).

Auf Basis dieser Erhebung lassen sich keine Rückschlüsse ziehen, inwiefern bereits die diagnostischen Kriterien für eine demenzielle Erkrankung erfüllt sind.

Als diagnostische Kriterien sind neben einer Störung höherer kortikaler Funktionen auch eine Dauer von mindestens 6 Monaten und vor allem eine Störung der Alltagskompetenz obligat. Somit wäre in zukünftigen Studien eine Berücksichtigung des funktionalen Zustandes (ADL) und eine Einschätzung des prämorbiden Leistungsvermögens sinnvoll.

Ebenso wenig kann auf Basis der gewonnenen Ergebnisse abgeschätzt werden, ob und inwieweit Defizite mit Umgebungsfaktoren interferieren.

Optionen der Therapie und Behandlung

Basierend auf diesen Ergebnissen stellte sich die Frage, welche praktischen Implikationen sich aus den erhobenen Daten ableiten lassen. Dabei ist sicherlich zunächst einmal hervorzuheben, dass die hohe Zahl an Inhaftierten mit kognitiven Einschränkungen die grundsätzliche Relevanz des Themas unterstreicht und diese Bereiche auch zukünftig in den Blick genommen werden sollten. Nach wissenschaftlichem Erkenntnisstand ist eine möglichst frühzeitige und differenzierte Erfassung kognitiver Defizite notwendig, um dem aus einer eingeschränkten kognitiven Leistungsfähigkeit langfristig resultierenden Unterstützungsbedarf bis hin zur Pflegebedürftigkeit, soweit dies möglich ist, entgegenzuwirken.

Eine Screening-Routine zur Evaluation kognitiver, affektiver und auch funktionaler Auffälligkeiten sollte etabliert werden. Vor dem Hintergrund fehlender medikamentöser Ansätze zur Prävention bzw. limitierter Effekte zur Therapie kognitiver Störungen nehmen die nicht-medikamentösen Ansätze mittlerweile einen hohen Stellenwert in diesem Bereich ein. Dazu gehört auch der Einsatz kognitiver Trainings. Darunter ist das gezielte Training kognitiver Leistungen (z. B. Gedächtnis, Aufmerksamkeit) durch den Einsatz von Papier und Bleistift oder Aufgaben am PC sowie Psychoedukation (spezifische Wissensvermittlung) zu verstehen (Bahar-Fuchs, 2013; Clare/Woods 2004; Kalbe et al. 2010).

Ziel ist dabei stets die Verbesserung, Stabilisierung oder Wiederherstellung der kognitiven Leistungsfähigkeit. Zahlreiche Arbeiten belegen die Wirksamkeit von kognitivem Training bei älteren kognitiv unbeeinträchtigten Personen (Chiu et al. 2017; Hill et al. 2017; Lampit et al. 2014) sowie bei Menschen mit leichten kognitiven Störungen (Gates et al. 2011; Ge et al. 2018; Hill et al. 2017; Sherman et al. 2017) als mögliche Vorstufe einer Demenz auf kognitive (z. B. globale Kognition, Gedächtnis, Aufmerksamkeit, Exekutivfunktionen, Arbeitsgedächtnis) und nicht-kognitive Bereiche (z. B. Depression, Angst). Hinsichtlich Interventionen im Umgang mit demenziell erkrankten Strafgefangenen implementierten Hodel und Sanchez (2012) in einer kalifornischen Strafanstalt ein spezielles Programm für Inhaftierte mit demenziellem Syndrom. Hierzu wurde die Umgebung den Bedürfnissen demenziell erkrankter Menschen angepasst (z. B. farbliche Kennzeichnung in den Fluren, Kalender). Die Mitarbeitenden durchliefen ein 6-monatiges Trainingsprogramm zum Umgang mit kognitiv eingeschränkten älteren Inhaftierten. Zudem wurden psychotherapeutische und psychoedukative Angebote sowie Gruppenangebote (Aktivierung, Entspannung) regelmäßig durchgeführt.

Im Kontext des geschlossenen Strafvollzugs fehlt es bislang an Studien zur Evaluation kognitiver Trainings – trotz der naheliegenden positiven Effekte auf Menschen mit und ohne kognitive Beeinträchtigungen. Da kognitive Beeinträchtigungen mit hohen gesundheitsökonomischen Kosten einhergehen (Olesen et al. 2012), besteht ein gesamtgesellschaftliches Interesse an einer gezielten Prävention und Therapie. Dies gewinnt insbesondere vor dem Hintergrund des demografischen Wandels und dem damit einhergehenden Anstieg demenziell erkrankter Menschen (Bickel et al. 2018) – voraussichtlich auch im Strafvollzug – an erheblicher Relevanz.

Pilotprojekt zur Förderung der kognitiven Leistungsfähigkeit

Als Konsequenz der skizzierten Ergebnisse wurde ein Interventionsprojekt zur Förderung der kognitiven Leistungsfähigkeit konzipiert und bereits in der JVA Rheinbach umgesetzt.

Ziel war dabei zunächst die Untersuchung der Machbarkeit und Gewinnung erster Daten zur möglichen Wirksamkeit eines 12-wöchigen kognitiven Trainingsprogramms bei männlichen Strafgefangenen ab 50 Jahren in lebensälteren geschlossenen Abteilungen. Es wurde ein Prä-Post-Design erstellt, sodass vor und nach der Intervention alle Studienteilnehmer eine neuropsychologische Testung durchführten. Bei dem Training handelt es sich um das kognitive Training „NEUROvitalis" nach Baller et al. (2010). Die Strafgefangenen nahmen über 12 Wochen für 90 Minuten in Kleingruppen an kognitiven Trainingssitzungen teil. Diese wurden durch Elemente der Psychoedukation (Wissensvermittlung zu Risikofaktoren), Papier- und Bleistiftübungen sowie Gruppenübungen gestaltet. Jede Gruppenstunde stand unter einem bestimmten Oberthema:

Übungseinheit	Psychoedukative Themen
1. ÜE	Geistige Leistungsfähigkeit: Beeinträchtigungen und Trainingsmöglichkeiten
2. ÜE	Die Bedeutung der Aufmerksamkeit
3. ÜE	Wie funktioniert das Gedächtnis?
4. ÜE	Das Arbeitsgedächtnis
5. ÜE	Gedächtnis und Sprache
6. ÜE	Gedächtnisstrategien I: Systematisches Wiederholen und Gruppieren
7. ÜE	Gedächtnisstrategien II: Einspeichern über verschiedene Sinneskanäle und Geschichtentechnik
8. ÜE	Gedächtnis für Namen und Gesichter
9. ÜE	Merken von Terminen und Erledigungen
10. ÜE	Verstehen und Merken von Texten
11. ÜE	Planen und Problemlösen
12. ÜE	Risiko- und Schutzfaktoren

Tabelle 1: Themenübersicht des kognitiven Trainingsprogramms NEUROvitalis

Daneben wurden Arbeitsblätter für die Zeit zwischen den Sitzungen verteilt. Die Prä- und Posttestungen enthielten eine Reihe von neuropsychologischen Tests, die verschiedene kognitive Leistungen untersuchten.

Sowohl die Inhaftierten als auch die Mitarbeitenden in der Abteilung wurden im Anschluss zu ihrer Einschätzung hinsichtlich der Machbarkeit eines solchen Angebotes befragt.

Auf Basis der ersten empirischen Daten für die Gruppe älterer Straftäter in Deutschland und der hier zu verschiedenen kognitiven Leistungen durchgeführten neuropsychologischen Diagnostik wird deutlich, dass in dieser stetig wachsenden Gruppe älterer Menschen im deutschen Strafvollzug eine positive Tendenz in unterschiedlichen Leistungsbereichen, vermittelt durch das Interventionsprogramm, vorzufinden ist. Es zeigte sich im Mittel eine Leistungssteigerung für viele Leistungsbereiche, wenn man die Resultate der Prä- und Posttestung vergleicht. Für die visuell-räumlichen Fähigkeiten sowie für das intellektuelle Profil konnte keine positive Tendenz ermittelt werden.

Auf Basis der Interviews kann gesagt werden, dass sowohl die Mitarbeitenden als auch die Gruppenteilnehmer das Programm positiv bewerteten. Dennoch sei darauf hingewiesen, dass die hier erläuterten Daten keine belastbaren Rückschlüsse auf die Wirksamkeit von kognitiven Trainings liefern. Aufgrund der Limitationen dieser Studie (vor allem der geringen Stichprobengröße) bedarf es weiterer Forschung, um die gezielte Wirksamkeit und Effektivität eines Trainings auf die unterschiedlichen kognitiven Bereiche der Inhaftierten bestätigen zu können. Die Frage nach der Machbarkeit und Durchführbarkeit eines solchen Trainingsprogramms kann dennoch grundsätzlich mit *ja* beantwortet werden.

Zusammenfassung

Die Gruppe der älteren Inhaftierten ist eine wachsende Gruppe, die sich in ihren Bedürfnissen von den jüngerer Menschen in Haft unterscheidet. Hinsichtlich der geistigen Leistungsfähigkeit konnten über ein erstes Pilotprojekt Hinweise auf häufige Beeinträchtigungen gesammelt werden, ebenso wie sich bei vielen Untersuchten häufige körperliche Erkrankungen fanden. In Kombination mit weiteren Risikofaktoren für eine eingeschränkte kognitive Leistungsfähigkeit und dem daraus resultierenden Unterstützungsbedarf ergibt sich die Notwendigkeit zu Handeln. Sowohl diagnostische Maßnahmen wie auch Unterstützungsangebote sind bereitzuhalten.

Basierend auf diesen oben genannten Ergebnissen wurde ein spezielles kognitives Trainingsprogramm in einer lebensälteren Abteilung durchgeführt. Hier zeigten sich, dass kognitive Leistungen im Durchschnitt im Rahmen des Programms verbessert werden konnten.

Wichtig ist jedoch auch die Erkenntnis, dass das Angebot von den Teilnehmern sehr gut angenommen und positiv bewertet wurde. Auch die Mitarbeitenden zeigten sich mit dem Projekt zufrieden. Ein Folgeangebot wurde in der JVA Rheinbach bereits dauerhaft implementiert.

Sicherlich kann eine solche Maßnahme nur ein Baustein in der Versorgung älterer Inhaftierter sein. Insgesamt muss sich der Strafvollzug mit der Gruppe älterer Menschen in Haft auseinandersetzen und neue Versorgungsstrukturen entwickeln und etablieren. Die geistige Leistungsfähigkeit sollte dabei in jedem Fall mit in den Blick genommen werden. Auch eine Sensibilisierung und Schulung des Personals für die Besonderheiten älterer Gefangener ist empfehlenswert. Schwerpunkt sollte dabei Wissensvermittlung zum normalen bzw. pathologischen Alternsprozess und zur besonderen Risikokonstellation im Strafvollzug sein.

Literatur

Baller, G., Kalbe, E., Kaesberg, S., & Kessler, J. (2009). *NEUROvitalis. Ein neuropsychologisches Gruppenprogramm zur Förderung der geistigen Leistungsfähigkeit* (1. Auflage). Köln: ProLog.

Chiu, H. L., Chu, H., Tsai, J. C., Liu, D., Chen, Y. R., Yang, H. L. & Chou, K. R. (2017). The effect of cognitive-based training for the healthy older people: A meta-analysis of randomized controlled trials. *PLoS One, 12*(5), e0176742.

Clare, L., & Woods, R. T. (2004). Cognitive training and cognitive rehabilitation for people with early-stage Alzheimer's disease: A review. *Neuropsychological Rehabilitation, 14*(4), 385-401.

Combalbert, N., Pennequin, V., Ferrand, C., Armand, M., Anselme, M., & Geffray, B. (2018). Cognitive impairment, self-perceived health and quality of life of older prisoners. Crim Behav Ment Health, 28(1), 36-49. DOI: 10.1002/cbm.2023.

Fazel, S., Hayes, A. J., Bartellas, K., Clerici, M. and Trestman, R. (2016). Mental health of prisoners: prevalence, adverse outcomes, and interventions. Lancet Psychiatry, 3, 871-881.

Gates, N. J., Sachdev, P. S., Singh, M. A. F., & Valenzuela, M. (2011). Cognitive and memory training in adults at risk of dementia: A Systematic Review. *BMC Geriatrics, 11*, 55.

Ge, S., Zhu, Z., Wu, B., & McConnell, E. S. (2018). Technology-based cognitive training and rehabilitation interventions for individuals with mild cognitive impairment: a systematic review. *BMC Geriatrics, 18*(1) 213.

Hensel, A., Angermeyer, M. C., Zaudig, M., & Riedel-Heller, S. G. (2007). Measuring cognitive change in older adults: reliable change indices for the SIDAM. *Journal of Neurology, 254*(1), 91-98.

Hill, N. T., Mowszowski, L., Naismith, S. L., Chadwick, V. L., Valenzuela, M., & Lampit, A. (2017). Computerized Cognitive Training in Older Adults With Mild Cognitive Impairment or Dementia: A Systematic Review and Meta-Analysis. *The American Journal of Psychiatry, 174*(4), 329-340.

Kalbe, E., Kessler, J., Calabrese, P., Smith, R., Passmore, A. P., Brand, M., & Bullock, R. (2004). DemTect: a new, sensitive cognitive screening test to support the diagnosis of mild cognitive impairment and early dementia. *International Journal of Geriatric Psychiatry, 19*(2), 136-143. DOI: 10.1002/gps.1042.

Kakoullis, A., Le Mesurier, N., & Kingston, P. (2010). The mental health of older prisoners. *International Psychogeriatrics*, 22(5), 693-701.

Kingston, P., Le Mesurier, N., Yorston, G., Wardle, S., & Heath, L. (2011). Psychiatric morbidity in older prisoners: unrecognized and undertreated. *International Psychogeriatrics, 23*(8), 1354-1360. DOI: 10.1017/s1041610211000378.

Langenhoff, G. (2015). Lebensältere Gefangene im Strafvollzug in Deutschland und in den Bundesländern. In *Forum Strafvollzug* (Vol. 64, No. 1, pp. 8-10).

Meyer, L. (2016). Alte Inhaftierte in Justizvollzugsanstalten. *Zeitschrift für Gerontologie und Geriatrie*, 49(1), 37-43.

Meijers, J., Harte, J. M., Jonker, F. A., & Meynen, G. (2015). Prison brain? Executive dysfunction in prisoners. *Frontiers in psychology, 6*(43). DOI: 10.3389/fpsyg.2015.00043.

Olesen, J., Gustavsson, A., Svensson, M., Wittchen, H. U., & Jönsson, B., CDBE2010 study group; European Brain Council. (2012). The economic cost of brain disorders in Europe. *European Journal of Neurology, 19*(1), 155-162.

Reischies, F., & Wertenauer, F. (2011). Mild cognitive impairment in old age. Diagnostics and prognostic significance. *Der Nervenarzt, 82*(11), 1483-1495.

Sherman, D. S., Mauser, J., Nuno, M., & Sherzai, D. (2017). The Efficacy of Cognitive Intervention in Mild Cognitive Impairment (MCI): a Meta-Analysis of Outcomes on Neuropsychological Measures. *Neuropsychology Review, 27*(4), 440-484.

Tuominen, T., Korhonen, T., Hamalainen, H., Temonen, S., Salo, H., Katajisto, J., & Lauerma, H. (2014). Neurocognitive disorders in sentenced male offenders: implications for rehabilitation. *Crim Behav Ment Health, 24*(1), 36-48. DOI: 10.1002/cbm.1879.

Verhülsdonk, S., Folkerts, A., Höft, B., Supprian, T., Kessler, J., & Kalbe, E. (2021). Cognitive dysfunction in older prisoners in Germany: A cross-sectional pilot study. *International Journal of Prisoner Health, 17*(2), 111-127.

Williams, B. A., Stern, M. F., Mellow, J., Safer, M., & Greifinger, R. B. (2012). Aging in correctional custody: setting a policy agenda for older prisoner health care. *American journal of public health*, 102(8), 1475-1481.

Williams, B. A., Lindquist, K., Sudore, R. L., Strupp, H. M., Willmott, D. J., & Walter, L. C. (2006). Being old and doing time: Functional impairment and adverse experiences of geriatric female prisoners. *Journal of the American Geriatrics Society*, 54(4), 702-707.

Zur gesundheitlichen Situation älterer Inhaftierter – Besonderheiten und Auswirkungen im Haftalltag

Liane Meyer

Einleitung

Die steigende Zahl älterer Menschen, insbesondere durch den demografischen Wandel bedingt, schlägt sich auch im Strafvollzug nieder. Mit zunehmendem Alter steigt das Risiko für chronische Erkrankungen und funktionale Einschränkungen sowie das Risiko für Pflegebedürftigkeit.

Internationale Befunde dokumentierten, dass die Gesundheit der älteren inhaftierten Männer schlechter ist als die der Allgemeinbevölkerung und jüngerer Gefangenen (Greene et al. 2018: 4).

Auch für Deutschland, genauer gesagt für den Strafvollzug in Rheinland-Pfalz (RLP), liegt nun eine empirische Vollerhebung in Form einer Mixed-Methods-Studie zur gesundheitlichen Situation älterer Inhaftierter vor, die auch Auswirkungen gesundheitlicher Einschränkungen im Haftalltag des geschlossenen Vollzugs dokumentiert (Meyer 2022a).

Die Befunde der RLP-Studie stützen die Einschätzung, dass für die Prävention chronischer Erkrankungen die Förderung der körperlichen Aktivität und Mobilität älterer Menschen, wie sie auch in den Bundesrahmenempfehlungen der nationalen Präventionskonferenz zur Erreichung des Ziels „Gesund im Alter" gefordert wird, zentral ist. (NPK 2016: 26 ff.)

Im Folgenden werden zunächst die gesundheitliche Situation älterer Inhaftierter und deren Auswirkungen im Haftalltag skizziert. Besonders hervorgehoben werden dabei zwei Krankheitsbilder: Depressivität und Harninkontinenz. Beide werden oft tabuisiert, obgleich ihre Auswirkungen und/oder Häufigkeiten im Strafvollzug besonders relevant sind. Nach einigen Ausführungen zur Relevanz körperlicher Aktivitäten für die Prävention im Alter werden schließlich am Beispiel des Hofgangs, der als Raum für Bewegung im Strafvollzug eine hohe Relevanz hat, einige Barrieren für die körperliche Aktivität älterer Inhaftierter aufgezeigt.

Morbidität

Am deutlichsten zeigen sich die Besonderheiten in Bezug auf die gesundheitliche Situation im Strafvollzug bei den chronischen Lungenerkrankungen, die unter den älteren Inhaftierten mit 16 % mehr als 3-mal so häufig vorkommen wie in der extramuralen Gruppe. Unter Durchblutungsstörungen in den Beinen leiden ältere Inhaftierte im Vergleich zur extramuralen Gruppe mehr als doppelt so häufig. Einen Herzinfarkt erlitten 14 % der älteren Inhaftierten; dies sind fast doppelt so viele Betroffene wie in der extramuralen Gruppe.

Für weitere chronische Erkrankungen, wie Herzinsuffizienz und Diabetes, liegen die Prävalenzraten in der intramuralen Gruppe um ca. 8 % über denen der extramuralen Gruppe. Chronische Krankheiten sind die Hauptauslöser für funktionale Beeinträchtigungen und Hilfebedürftigkeit im höheren Lebensalter.

So zeigte sich auch in der RLP-Studie, dass über die Hälfte der befragten älteren Inhaftierten aufgrund ihrer Gesundheit längerfristige Einschränkungen in Aktivitäten des täglichen Lebens haben: 31 % beim Bewegen, 22 % bei hauswirtschaftlichen Tätigkeiten, 14 % bei der Körperpflege, 10 % beim Essen und Trinken und 5 % beim Einnehmen von Medikamenten (Meyer 2022a).

Insbesondere „starke" Einschränkungen beim Bewegen, die in der Altersgruppe der 55- bis 69-jährigen Inhaftierten 5-mal so häufig vorkommen (25 %) wie in der extramuralen Bevölkerung, zählen zu den wichtigsten Risikofaktoren für Hilfebedürftigkeit im Alter (Wurm et al. 2010: 101). Darüber hinaus kann auch das gleichzeitige Vorliegen mehrerer Erkrankungen (Multimorbidität) zu einer dauerhaften Beeinträchtigung in der Alltagsbewältigung und zur Pflegebedürftigkeit führen (Menning/Hoffmann 2009: 73).

Unter den älteren Inhaftierten in RLP lagen bei gut einem Drittel der 50- bis 74-jährigen älteren Inhaftierten zwei bis vier Erkrankungen und bei 28 % der älteren Inhaftierten mindestens fünf oder mehr Erkrankungen gleichzeitig vor. In der Alterskategorie der 55- bis 69-Jährigen leiden intramural 3-mal so viele an mindestens fünf oder mehr Erkrankungen gleichzeitig als in der extramuralen Bevölkerung.

Multimorbidität beschreibt in diesem Zusammenhang jedoch nicht allein das gleichzeitige Vorliegen mehrerer chronischer Erkrankungen, sondern entsteht häufig aus den sich in synergetischer Weise gegenseitig verstärkenden Effekten von chronischen Erkrankungen, funktionalen Einschränkungen und psychischen Störungen wie beispielsweise der Depression (Kuhlmey/Schaeffer 2008: 9). Chronische Erkrankungen und funktionale Einschränkungen, die für das Individuum Stress bedeuten, erhöhen auch das Risiko für eine depressive Entwicklung (Hautzinger 2012: 318f.).

Depressivität

Neben körperlichen Erkrankungen und funktionalen Einschränkungen wird das Depressionsrisiko älterer Menschen vor allem auch durch kurz zurückliegende Verluste von nahestehenden Personen, sozialen Rollen, Aufgaben und Funktionen sowie durch eine subjektiv empfundene Einsamkeit erhöht (Hautzinger 2012: 318f.). Solche Verluste radikalisieren sich für ältere Inhaftierte schon allein durch den Freiheitsentzug: *„Dass sie kaum jemanden haben – 20 Stunden – mit dem Sie reden können. Da fangen sie an, mit ihrem Fernseher und Ihrer Kaffeetasse zu reden."*

Von den älteren Inhaftierten weisen 39 % klinisch auffällige depressive Symptome auf, bei älteren Menschen in der extramuralen Bevölkerung (gemessen am DEAS 2014) sind es 7 % (Wolff/Tesch-Römer 2017: 171). Damit liegt der Anteil älterer Inhaftierter mit klinisch auffälligen Symptomen 5-mal höher als in der extramuralen Bevölkerung. In einer empirischen Erhebung von Verhülsdonk et al. (2021) wurde sogar bei 47 % der älteren Gefangenen eine depressive Symptomatik festgestellt, wobei darunter auch leichte depressive Symptome subsummiert wurden.

Depressionen werden im höheren Lebensalter häufig nicht (richtig) diagnostiziert (Falk et al. 2019: 91), da diese häufig untypisch, nämlich in Form von körperlichen Beschwerden, zum Ausdruck kommen[1] (Hirsch et al. 2008: 1). Zusätzlich werden Symptome wie Schlafstörungen, sozialer Rückzug und mangelnde Lebensfreude häufig sowohl vom medizinischen Personal als auch von den Älteren selbst als normale Alterserscheinung ohne Behandlungswert angesehen (RKI 2010: 23 ff.).

Diese Schwierigkeiten der Depressionsdiagnostik scheinen bei Männern noch ausgeprägter. Depressive Symptome zeigen sich hier eher in Feindseligkeit, Aggressivität und Ärger-Attacken. Die meisten Screeningverfahren und diagnosti-

---

[1] Bei jüngeren Menschen stehen eher die psychopathologischen Symptome im Vordergrund (Hautzinger 2012: 318f.).

schen Kriterien bilden jedoch solche Verhaltensweisen nicht ab (Möller-Leimkühler/Mühleck 2020: 83 ff.).

Bei der Behandlung von älteren Menschen mit Depressionen zeigen Auswertungen von Krankenkassendaten, dass depressive Ältere sowohl psychotherapeutisch als auch medikamentös unterversorgt sind (Heusinger et al. 2013: 60).

Nach der S3-Leitlinie Unipolare Depression ist vor allem bei mittleren und schweren depressiven Episoden eine Behandlung mit Antidepressiva indiziert (DGPPN 2017: 28). Von den älteren Inhaftierten, die an klinisch relevanten depressiven Symptomen litten, nahmen nach Selbstbericht lediglich 23 % Antidepressiva ein – Medikamente also, die eine oder mehrere dieser Symptome verbessern sollen. Bei leichteren depressiven Symptomen, wie sie bei 24 % der älteren Inhaftierten vorkommen, sind u. a. psychoedukativ-supportive Gespräche und qualifiziert angeleitete Selbsthilfe empfohlen (ebd.), die vertrauensvolle Gesprächspartner voraussetzen.

Die Möglichkeiten zum vertrauensvollen Gespräch werden aber von mehr als der Hälfte der älteren Inhaftierten (55,5 %) als unzureichend bewertet. Dieser Mangel wurde von älteren Inhaftierten als große psychische Belastung thematisiert.

Positiv berichten ältere Inhaftierte von Gesprächspartnern, die nicht Teil der totalen Institution Haftanstalt sind, sondern von außen in den Strafvollzug kommen, wie z. B. Mitarbeitende aus externen Suchtberatungsstellen oder der Seelsorge: *„Ich bräuchte ab und zu mal Besuch. Jemand, wo man mal von der Seele schwätzen kann."*

Depressive Menschen haben ein hohes Suizidrisiko, eine höhere körperliche Erkrankungsrate und ein höheres Pflegebedürftigkeitsrisiko. Zusätzlich wirken sich Depressionen negativ auf den Genesungs- und Behandlungsprozess von bestehenden körperlichen Erkrankungen aus und beeinflussen die Alltagskompetenz negativ (Falk et al. 2019: 90 ff.). Deshalb ist es dringend geboten, die psychische Gesundheit älterer Inhaftierter sowohl in präventiver als auch in therapeutischer Hinsicht in den Blick zu nehmen, denn „there is no health without mental health" (WHO 2016).

Inkontinenz

Psychische Erkrankungen wie auch körperliche Erkrankungen und Funktionseinbußen gehen mit einem erhöhten Risiko für Harninkontinenz einher (DNQP

2014: 49f.), die zu den Hauptsyndromen geriatrischer Patienten zählt (Wiedemann/Becher 2017: 689).

Von 216 älteren Inhaftierten in der RLP-Studie, die Angaben zur Inkontinenz machten, kam es bei 9% (n=20) in letzter Zeit einmal vor, dass sie den Urin versehentlich nicht halten konnten. Legt man die Annahme zugrunde, dass die Antwortmöglichkeit ‚Möchte ich nicht beantworten' von Betroffenen aus Scham für das Vorliegen eines unfreiwilligen Abgangs von Urin genutzt wurde, dann lässt sich folgern: Es kam bei 12% (n=26), also bei jedem 8. Befragten der 216 älteren Inhaftierten, in letzter Zeit schon einmal vor, dass sie versehentlich den Urin nicht halten konnten. Eine ärztliche Diagnose – erfasst durch die Frage: „Hat Ihnen ein Arzt schon einmal gesagt, dass sie unter einer Inkontinenz leiden" – erhielten nach Auskunft der Befragten hingegen nur sechs (3%) der 216 älteren Inhaftierten, die diese Frage beantwortet haben.

Aufgrund der starken Tabuisierung, wie sie auch für den Strafvollzug angenommen werden kann, zieht eine Harninkontinenz neben physischen auch vielfältige psychosoziale Einschränkungen und Belastungen nach sich (Kummer 2011: 19). Der in nur geringem Maß oder unkontrollierbare Urinabgang führt dazu, dass von Harninkontinenz Betroffene ihren Körper als unberechenbar wahrnehmen. Im öffentlichen Raum wird dieser (drohende) Harnverlust als besonders belastend empfunden (DNQP 2014: 38).

Insbesondere für Ältere besteht bei einer Harninkontinenz die Gefahr der sozialen Isolation und Vereinsamung, wobei der soziale Rückzug – je nach Altersbild – häufig als eine alterstypische Erscheinung gewertet wird (Seizmair 2011: 9). Obwohl die Bedeutsamkeit dieser Erkrankung für die Betroffenen sehr hoch ist, wird sie oft nicht erkannt und behandelt, da viele Betroffene (aus unterschiedlichen Gründen) keine professionelle (ärztliche) Hilfe in Anspruch nehmen, z.B. weil die Harninkontinenz (nicht nur) von Betroffenen als normaler Teil des Alterungsprozesses verstanden wird (DNQP 2014: 38f). Ein von Inkontinenz betroffener älterer Inhaftierter berichtet, dass er (auch) aufgrund der Sicherheitsmaßnahmen bei Arztausführungen den Gang zum Urologen hinausgezögert hat und schildert Folgendes:

> *„Mein Herz ist in Ordnung, meine Lunge ist in Ordnung, das Einzige, was nicht funktioniert, ist die Blase [...] zu diesem Urologen, das geht schon länger. [...] Da bin ich schon deshalb nicht raus, weil ich von anderen gehört habe, wie es da abgeht. Da habe ich das noch ein Jahr rausgezogen, aber jetzt ging es nicht mehr [...] Bei dem Urologen lag ich da so mit dem Ding [Handfesseln] auf dem Bett und dann musste ich auf den Gynäkologenstuhl*

[...] und da haben die dann die Dinger [Handfesseln] abgemacht. Das hätte er gleich machen können, bevor ich auf die Liege kam. Ich musste ja die Hose runter [...] mit den Handschellen".

Eine Problematik für ältere Inhaftierte, die von einer Inkontinenz betroffen sind, scheint eine Limitierung der pro Woche zur Verfügung stehenden Unterwäsche zu sein. Die genaue Anzahl der Unterhosen, die den älteren Inhaftierten pro Woche zugeteilt werden, variiert je nach Haftanstalt und dem jeweiligen Wäschetauschturnus. In den Gesprächen mit den Vertretern aus der Anstaltsleitung gab es Hinweise, dass nicht alle Inhaftierten die Möglichkeiten zum täglichen Unterwäschewechsel haben: *„(...) normalerweise hat er fünf Unterhosen im Besitz bei sieben Arbeitstagen, also für jeden Tag hat er keine Unterhose, das gibt momentan unser Stand nicht her."* Solche Einschränkungen in der Körperhygiene, die durch Geruch oder durch verschmutzte Unterwäsche beim Wäschetausch sichtbar wird, können im Strafvollzug leicht zur Stigmatisierung führen: *„Der wird zum Affen degradiert."*

Prävention – körperliche Aktivität – Barrieren am Beispiel Hofgang

Die meisten chronischen Erkrankungen im Alter werden durch eine kleine Zahl an Risikofaktoren determiniert. Neben den psychosozialen Kontextfaktoren zählen hierzu beispielsweise Lebensstilfaktoren wie der Bewegungsmangel, für den im Strafvollzug allein durch den Freiheitsentzug ein großes Risiko besteht. Er steht an vierter Stelle der Risikofaktoren für die globale Mortalität (WHO 2010: 7).

Mit Blick auf die Prävention chronischer Erkrankungen ist die Förderung der körperlichen Aktivität und Mobilität älterer Menschen, wie sie auch in den Bundesrahmenempfehlungen der nationalen Präventionskonferenz zur Erreichung des Ziels „Gesund im Alter" gefordert wird, zentral (NPK 2016: 26 ff.). Körperliche Aktivität ist darüber hinaus eine bedeutende Einflussgröße für die mentale Gesundheit und spielt auch bei der Prävention von Funktionseinbußen und Pflegebedürftigkeit eine große Rolle (Polidori/Häussermann 2019: 275). Hierfür wird eine regelmäßige körperliche Aktivität von 2,5 Stunden pro Woche empfohlen (Pfeifer et al. 2017: 28 f.). Hierbei ist zu berücksichtigen, dass die Gesundheit nur zum Teil durch eigenes Verhalten beeinflusst werden kann, da die gegebenen Rahmenbedingungen den individuellen Gestaltungsspielraum deutlich begrenzen (Kolip 2009: 65). So ist auch das Bewegungsverhalten älterer Inhaftierter nicht allein eine Frage individual-präventiven Verhaltens, sondern hängt

z. B. auch von den konkreten Bewegungsmöglichkeiten in der Haftanstalt ab (Meyer 2022b: 297 f.).

Als ein zentraler Bewegungsraum (älterer) Inhaftierter kann die tägliche Hofstunde angesehen werden, auf die Inhaftierte einen gesetzlichen Mindestanspruch von einer Stunde (Aufenthalt im Freien) pro Tag haben. Diese Möglichkeit nutzen nach den Ergebnissen der hier zugrunde liegenden Erhebung in RLP etwa die Hälfte der befragten älteren Inhaftierten nicht täglich und fast ein Drittel gab an, die Hofstunde nie oder weniger als einmal die Woche zu nutzen. Die dafür genannten Gründe sind vielfältig und stellen häufig eine Kombination aus individuellen Faktoren und den sozialen, räumlichen und strukturellen Rahmenbedingungen im Strafvollzug dar.

Ein Grund, weshalb ältere Inhaftierte nicht oder nur selten am Hofgang teilnehmen, sind gesundheitliche Einschränkungen – etwa Kreislauf- und Atemprobleme. *„Es gab Zeiten, da habe ich nach einer halben Runde erst mal stehen bleiben müssen und nach Luft schnappen und Spray reinziehen."* Diese gesundheitlichen Einschränkungen erfordern z. B. auch während des Hofgangs Möglichkeiten zur Pause. Auch eine Ausgestaltung der Höfe, die ein Festhalten an einem Geländer oder eine adäquate Sitzgelegenheit für ältere Menschen mit z. B. entsprechender Sitzhöhe ermöglicht, könnten Abhilfe schaffen.

> *„Beim Gehen, wenn ich meine Runden gedreht habe – fünf, sechs, sieben Runden, da musste ich mich ausruhen, musste stehen bleiben. […]. Ich habe mich immer da an das Geländer gestellt und habe dann ein bisschen den Kopf runter und dann war es auch gut."*

Mehr als ein Drittel der Befragten (37 %) gaben an, beim Hofgang von über 20 Minuten Einschränkungen beim Gehen zu haben. Auch die aus Sicherheitsgründen fehlende Toilette auf den Höfen ist ein *„Grund, warum viele Ältere gar nicht rausgehen. […]. Da draußen müsste etwas stehen, wo man auch mal auf die Toilette gehen kann."*

Für ältere Inhaftierte mit einer Harninkontinenz, was auf ca. 9 bis 12 % der älteren Inhaftierten zutrifft, stellt der fehlende selbstbestimmte Zugang zur Toilette während der Hofstunde eine Zugangsbarriere dar. Sie haben in der Regel weder Einfluss auf die Dauer der Hofstunde, noch können sie diese – aufgrund der Sicherheitsmaßnahmen – bei Bedarf einfach unterbrechen: *„wenn Sie jetzt rausgehen und merken nach fünf Minuten, Sie müssen dringend, haben Sie keine Chance – anhalten oder es geht in die Hose."*

Im Strafvollzug kann dies dazu führen, dass ältere Menschen mit einer Harninkontinenz nicht am täglichen Hofgang teilnehmen:

> *„Wenn das geregelt ist [Behandlung Inkontinenz], hoffe ich, dass das besser wird. Dann gehe ich auch wieder in den Hof. Das ist so eine Sache, wenn man da pinkeln muss, da muss man direkt, man hält das nicht lang. Ich blamiere mich da nicht, dass ich in die Hose pinkele.[…] Das ist sowas von peinlich dann."*

Neben gesundheitlichen Einschränkungen spielen aber auch soziokulturelle Einflüsse, Witterungsverhältnisse und bauliche Rahmenbedingungen eine Rolle, weshalb viele ältere Inhaftierte den Hofgang nicht oder nur selten nutzen (siehe hierzu ausführlicher Meyer 2022a: 211–223).

Fazit

Mit der Zahl älterer Insassen steigt auch der Anteil an gesundheitlich eingeschränkten Inhaftierten. Vor allem im höheren Lebensalter können solch gravierende gesundheitliche Einschränkungen mit dem Auftreten von depressiven Symptomen verbunden sein (Wolff/Tesch-Römer 2017: 171 ff.).

Selbst im subklinischen Stadium beeinflussen Letztere den Verlauf somatischer Erkrankungen, erhöhen das Risiko für Pflegebedürftigkeit und gehen mit einem hohen Suizidrisiko einher (DGPPN 2017: 56). Sowohl physische als auch psychische Erkrankungen steigern das Risiko für eine Inkontinenz, das zu den geriatrischen Hauptsyndromen zählt (Polidori/Häussermann 2019: 252).

Für ältere Menschen stellt die Gesundheit einen der bestimmenden Faktoren für die Lebensqualität dar, deren Erhalt für ältere Gefangene zu den bedeutsamsten Faktoren während der Haft zählt (Meuschke 2018: 409). Angesichts der hohen Krankheitslast älterer Inhaftierter wie auch der Tatsache, dass Inhaftierte durch den Freiheitsentzug in einem besonderen Abhängigkeitsverhältnis zum Staat stehen, ergibt sich für diesen hier eine besondere Verantwortung und Fürsorgepflicht.

Gerade die totale Institution Gefängnis mit ihren gesundheitlich stark belasteten Patienten muss neben den Bemühungen zur Beseitigung struktureller Defizite in der Gesundheitsversorgung und einer adäquaten medizinischen Versorgung ihren Blick auch auf die Implementierung von wirksamen Strategien der Prävention lenken, die zur gesundheitlichen Versorgung Inhaftierter dazu gehört (Pont 2010: 42).

Eine angemessene Gesundheitsversorgung sollte auch für Gefangene – unabhängig von der begangenen Straftat – sichergestellt werden (Pont/Harding 2019: 13 f.); gerade mit Blick auf die gestiegene Zahl älterer Inhaftierter und ihrem im Vergleich zur extramuralen Bevölkerung schlechteren Gesundheitszustand, sollte sich ihre gesundheitliche Versorgung an deren höheren Bedarfen orientieren (Meyer 2016: 42).

Zur Entwicklung, Steuerung und Umsetzung von wirksamen Interventionen der Gesundheitsförderung und Prävention scheint darüber hinaus eine Gesundheitsberichterstattung von zentraler Bedeutung zu sein, entweder innerhalb des Strafvollzuges oder eingebettet in die Gesundheitsberichterstattung des Bundes (Meyer 2019: 316).

Literatur

DGPPN (Deutsche Gesellschaft für Psychiatrie, Psychotherapie und Nervenheilkunde) 2017, S-3 Leitlinie/Nationale Versorgungs Leitlinie, Unipolare Depression. Online verfügbar unter: http://www.leitlinien.de/mdb/downloads/nvl/depression/depression-2auflvers1-kurz.pdf [08.11.2022].

DNQP, Deutsches Netzwerk für Qualitätsentwicklung in der Pflege, 2014 (Hrsg.): Förderung der Harnkontinenz in der Pflege, Osnabrück.

Falk, K./Heusinger, J./Kammerer, K./Wolter, B. (2019): Alte Menschen II. Aktualisierte Expertise zur Lebenslage von Menschen im Alter von 65 bis unter 80 Jahren. Köln: Bundeszentrale für gesundheitliche Aufklärung (BZgA).

Greene, M./Ahalt, C./Stijacic-Cenzer, I./Metzger, L./Williams, B. (2018): Older adults in jail: high rates and early onset of geriatric conditions. In: Health and Justice, 6 (1):1–9.

Hautzinger, M. (2012): Intervention bei Depression. In: Wahl, H. W./Tesch-Römer, C./Ziegelmann, J. P. (Hrsg.): Angewandte Gerontologie. Interventionen für ein gutes Altern in 100 Schlüsselbegriffen, 2. vollständig überarbeitete und erweiterte Auflage, Stuttgart, 317–323.

Heuft, G./Kruse A./Radebold, H. (2006): Lehrbuch der Gerontopsychosomatik und Alterspsychotherapie, München.

Heusinger, J./Kammerer, K./Wolter, B. (2013): Alte Menschen. Expertise zur Lebenslage von Menschen im Alter zwischen 65 und 80 Jahren. Forschung und Praxis der Gesundheitsförderung, Band 44, hrsg. durch die Bundeszentrale für gesundheitliche Aufklärung, Köln.

Hirsch, R./Teising, M./Wächtler C. (2008): Suizidalität im Alter. In: Zeitschrift für Gerontologie und Geriatrie, 41 (1): 1–2.

Kolip, P. (2009): Gender als Determinante gesundheitlicher Ungleichheit. In: Jahrbuch für Kritische Medizin und Gesundheitswissenschaften 45: Health Inequalities, Hamburg, 57–69.

Kuhlmey, A./Schaeffer (2008): Vorwort. In: Kuhlmey, A./Schaeffer, D. (Hrsg.): Alter, Gesundheit und Krankheit, Bern, 9–11.

Kummer, K. (2011): Kommunikation über Inkontinenz – ein Thema zwischen alten Patienten, Ärzten und Pflegenden, Bern.

Menning, S./Hoffmann, E. (2009): Funktionale Gesundheit und Pflegebedürftigkeit. In: Böhm, K./Tesch-Römer, C./Ziese, T. (Hrsg): Beiträge zur Gesundheitsberichterstattung des Bundes. Gesundheit und Krankheit im Alter. Eine gemeinsame Veröffentlichung des statistischen Bundesamtes, des Deutschen Zentrums für Altersfragen und des Robert Koch-Instituts, Berlin, 62–78.

Meuschke, N. (2018): Der Lebensabend im Gefängnis. In: Maelicke, B./Suhling, S. (Hrsg.), Das Gefängnis auf dem Prüfstand. Zustand und Zukunft des Strafvollzugs, Wiesbaden, 403–422.

Meyer, L. (2022a): Strafvollzug und demografischer Wandel. Herausforderungen für die Gesundheitssicherung älterer Menschen in Haftanstalten, Weinheim.

Meyer, L. (2022b): Haftfähigkeit im Alter. In: Pohlmann, S. (Hrsg.): Alter und Devianz. Ein Handbuch, Stuttgart, 293–305.

Meyer, L. (2019): Eine empirische Perspektive auf die gesundheitliche Situation älterer Inhaftierter. Zeitschrift Bewährungshilfe, Soziales, Strafrecht, Kriminalpolitik, 66 (4), 308–319.

Meyer, L. (2016): Alte Inhaftierte in Justizvollzugsanstalten. Herausforderungen für die Gesundheitssicherung. Zeitschrift für Gerontologie und Geriatrie, 49 (1), 37–43.

NPK (Nationale Präventionskonferenz) 2016: Bundesrahmenempfehlungen nach §20d Abs.3 SGBV. Abgerufen: https://www.bundesgesundheitsministerium.de/fileadmin/Dateien/3_Downloads/P/Praevention/160219_Bundesrahmenempfehlungen_.pdf [07.02.2018].

Pfeifer, K./Banzer, W./Ferrari, N./Füzéki, E./Geidl, W./Graf, C./Hartung, V./Klamroth, S./Völker, K./Vogt, L. (2017): Empfehlungen für Bewegung In: Rütten, A./Pfeifer, K. (Hrsg.): Nationale Empfehlungen für Bewegung und Bewegungsförderung, Forschung und Praxis der Gesundheitsförderung, Sonderheft 03, hrsg. durch die Bundeszentrale für gesundheitliche Aufklärung, Köln, 18–64.

Polidori, M./Häussermann, P. (2019): Körperliche Gesundheit und Altersmedizin. In: Hank, K./Schulz-Nieswandt, F./Wagner, M./Zank, S. (Hrsg.): Alternsforschung. Handbuch für Wissenschaft und Praxis, Baden-Baden, 249–283.

Pont, J. (2010): Ärztliche Ethik in der Betreuung von Menschen in Haft. In: Bögemann, H./Keppler, K./Stöver, H. (Hrsg.): Gesundheit im Gefängnis. Ansätze und Erfahrungen mit Gesundheitsförderung in totalen Institutionen, Weinheim, München, 33-48.

Pont, J./Harding, T. W. 2019: Organisation and Management of Health Care in Prison, Guidelines, ed. by the Council of Europe. Abgerufen: http://afew.org/wp-content/uploads/2020/07/168093ae69.pdf [11.09.20].

RKI (Robert Koch Institut) (Hrsg.) (2010): Depressive Erkrankungen. Gesundheitsberichterstattung des Bundes, Berlin.

Seizmair, N. (2011): Bedingungen von Therapiemotivation bei Menschen im höheren Lebensalter. Am Beispiel professioneller Strategien gegen Inkontinenz, Bern.

Verhülsdonk S., Dietrich K., Folkerts AK., Christl J., Höft B. et al. (2021): Self-rating of depression in elderly prisoners in North Rhine-Westphalia, Germany. Arch Depress Anxiety 7(2): 40–49.

WHO (World Health Organization) (2010): Global Recommendations on Physical Activity for Health, Genf. Abgerufen: www.who.int/dietphysicalactivity/publications/9789241599979/en/ [10.04.2018].

WHO (World Health Organization) (2016): Mental health: strengthening our response. Fact sheet, Update April 2016, Key facts. Abgerufen: http://www.who.int/mediacentre/factsheets/fs220/en/ [21.11.2017].

Wiedemann, A./Becher, K. (2017): Harninkontinenz 2017: Standortbestimmung. In: Zeitschrift für Gerontologie und Geriatrie, 50 (8): 689–692.

Wolff, J. K./Tesch-Römer, C. (2017): Glücklich bis ins hohe Alter? Lebenszufriedenheit und depressive Symptome in der zweiten Lebenshälfte. In: Mahne, K./Wolff, J. K./Simonson, J./Tesch-Römer, C.

(Hrsg.), Altern im Wandel. Zwei Jahrzehnte Deutscher Alterssurvey (DEAS), Wiesbaden, 171–185.

Wurm, S./Schöllgen I./Tesch-Römer, C. (2010): Gesundheit. In: Motel-Klingebiel, A. Wurm, S./Tesch-Römer, C. (Hrsg.), Altern im Wandel. Befunde des Deutschen Alterssurveys, Stuttgart, 90–117.

Demografischer Wandel im Strafvollzug und in der Straffälligenhilfe

Welche Konsequenzen im Sinne der Resozialisierung sollen und können gezogen werden?

Heinz Cornel

Der demografische Wandel wirkt sich auch auf die polizeilich registrierte Kriminalität, die Zusammensetzung der Gefangenen im Strafvollzug aus und kann deshalb auch in der Straffälligenhilfe nicht ignoriert werden. In diesem Beitrag soll es zum einen darum gehen, wie dieser Wandel quantitativ und qualitativ aussieht und welche Möglichkeiten angemessener Reaktionen im Sinne der Resozialisierung für die Straffälligenhilfe bestehen.

Der demografische Wandel in Deutschland ist durch eine im historischen Vergleich geringe Geburtenziffer von etwa 1,5 Geburten pro Frau[1] und einer steigenden Lebenserwartung gekennzeichnet, die häufig als Überalterung bezeichnet wird – eine begriffliche Abwertung, die wohl signalisieren soll, dass die Erreichung eines höheren Lebensalters für breite Teile der Bevölkerung nicht wünschenswert ist. Diesem Werturteil möchte ich mich nicht anschließen.

Der Anteil der Personen in Deutschland, die älter als 60 Jahre sind, betrug 1950 14 %, wuchs auf 21 % im Jahr 2000, beträgt zurzeit 30 % und soll nach einer Schätzung der Vereinten Nationen im Jahr 2050 auf 38 % steigen. Diese Daten zur sinkenden Anzahl der Geburten pro Frau und steigenden Lebenserwartung in der langfristigen historischen Entwicklung führen notwendigerweise zur Verschiebung des Anteils einzelner Altersgruppen. Dies sagt aber nichts über deren Gesundheitszustand und Lebensweise aus. Bisherige Erfahrungen sprechen eher dafür, dass die Senior:innen eher lange gesund bleiben und nicht mit 60 plötzlich in ein 25-jähriges Siechtum wechseln. Schon der Gesundheitszustand der 50-, 60- und 70-Jährigen hat sich deutlich gegenüber dem der gleichaltrigen

---

1 In den letzten 30 Jahren hat sich das durchschnittliche Erstgebärendenalter der Frauen in Deutschland von 27,1 Jahren auf 30,1 Jahre erhöht, wobei seit 2009 nicht mehr das erste ehelich geborene Kind, sondern das erste lebend geborene Kind insgesamt zählt. Rechnet man diesen Effekt, der sich nicht endlos fortsetzen wird und sich in den letzten Jahren schon abgemildert hat, heraus, so liegt die Anzahl der Geburten pro Frau eher bei 1,6 Kindern und damit etwa auf dem gleichen Niveau wie vor 50 Jahren.

Vorfahren verbessert und so nehmen sie länger am gesellschaftlichen Leben teil, bleiben länger erwerbstätig, treiben Sport, unternehmen Reisen und verletzen gelegentlich auch Gesetze. Das zeigt sich u. a. in der polizeilichen Kriminalstatistik.

1974 lag der Anteil der tatverdächtigen Jugendlichen mit einem Anteil von 13,4 % an allen Tatverdächtigen mehr als 3-mal so hoch wie der der Personen, die 60 Jahre oder älter waren (4,2 %). Dann reduzierte sich Jahr für Jahr der Anteil der Jugendlichen und der Anteil der Senioren stieg. Im Jahr 2020 hatten die Senioren mit den Jugendlichen bei den Tatverdächtigen gleichgezogen – jeweils 8,3 %. Bei den Senioren gab es also eine Verdoppelung des Anteils in knapp 50 Jahren. Allerdings ist der Anteil der Personen im Alter von 60 und älter mit 24,09 % der Bevölkerung 8-mal so groß wie der der Jugendlichen (3 %) und wächst, während der Anteil junger Menschen sinkt. Überdurchschnittlich belastet sind die Senioren beim einfachen Diebstahl mit 9,6 %, leicht unterdurchschnittlich bei Rohheitsdelikten (7,7 %), Mord (7,7 %) und Straftaten gegen die sexuelle Selbstbestimmung (6,4 %). Besonders gering bei den Rauschgiftdelikten mit 0,8 % und der Beförderungserschleichung (2,3 %). Jugendliche hingegen sind an Mord- (5,0 %) und Rohheitsdelikten (7,6 %) unterdurchschnittlich beteiligt, jedoch überdurchschnittlich an Rauschgiftdelikten (11,7 %), einfachem Diebstahl (14,2 %) und den Delikten gegen die sexuelle Selbstbestimmung (19,0 %).[2]

2019 waren 6,2 % der Verurteilten 60 Jahre oder älter (insg. 45309 Personen). Leider gibt es keine lang zurückliegenden Daten zum Anteil der verurteilten alten Menschen, weil noch 2010 die Altersdifferenzierung mit „40 und älter" endete. Immerhin kann man feststellen, dass zwischen 1976 und 2010 der Anteil der Jugendlichen und Heranwachsenden an den Verurteilten deutlich sank und der Anteil der Personen, die 40 Jahre alt waren oder älter deutlich anstieg.[3]

Auch wenn sich die durchschnittliche Lebenserwartung der Deutschen deutlich erhöht, so muss das für die Gefängnisinsassen und Straffälligen nicht unbedingt etwas bedeuten – zumindest muss der Anteil der Alten nicht in gleichem Ausmaß steigen. Denn zum einen ist die Delinquenzbelastung der Senior:innen von besonderer Bedeutung (siehe oben) und zum anderen können wir davon ausgehen, dass angesichts des oft schlechten Gesundheitszustandes Straffälliger, ihrer Armut und teils auch ihres risikonahen Lebensstils sich deren Lebenserwartung nicht

---
2 Alle Dateien aus der Polizeilichen Kriminalstatistik 2021.
3 Weitere, genaue Daten und Hintergründe vgl. Cornel 2013, S. 41 f.

vergleichbar erhöht. Dazu kommen Effekte einer sich verändernden Kriminalpolitik, die die Altersverteilung in die eine oder andere Richtung verändern, wie z. B. der verstärkte Einsatz ambulanter Maßnahmen für Jugendliche und Heranwachsende sowie Aussetzungen zur Bewährung, die bevorzugt für jüngere Verurteilte ausgesprochen werden.

Der Anteil der alten Strafgefangenen und Haftentlassenen kann durch vermehrte späte Delinquenz und entsprechende Verurteilungen steigen oder aber durch längere Inhaftierungen von Personen, die im jungen oder mittleren Alter verurteilt wurden. Die Daten der PKS und der Verurteilten haben wir uns bereits angeschaut und dort leichte Steigerungen wahrgenommen. Es lohnt sich deshalb, auch auf die lebenslangen Freiheitsstrafen und die Sicherungsverwahrungen zu schauen, als Inhaftierungsformen mit den unbestimmtesten und längsten Vollzugsdauern.

Während die Anzahl der polizeilich registrierten Morde und der Verurteilungen wegen Mordes in der Tendenz seit Langem sinkt (im Gegensatz zu manchen Berichten in den Medien) wird von der Strafjustiz darauf immer strenger reagiert. Wurden 1975 noch 31,5 % der Straftäter:innen wegen vollendeten Mordes zu lebenslanger Freiheitsstrafe verurteilt, so waren es Mitte der 1980er-Jahre schon 40 %, 1990 über 50 %, im Jahr 2000 über 60 % und im Jahr 2019 ist die Quote auf 70,7 % angewachsen.

Entsprechend wächst der Anteil der Gefangenen mit einer voraussichtlich lebenslangen Vollzugsdauer. Zwischen 1995 und 2020 stieg die Anzahl der Gefangenen, die zu lebenslanger Haft verurteilt worden waren um 37 % und die der Sicherungsverwahrten um 222 % (also auf das mehr als Dreifache). Die Anzahl der Personen, die 40 Jahre oder älter waren (leider keine weitere Differenzierung in den höheren Altersgruppen) um 58 %.

Am 31.3.2020 waren 24 % der Sicherungsverwahrten 60 Jahre und älter und 21,5 % der Gefangenen, die zu lebenslanger Freiheitsstrafe verurteilt worden waren (5,4 % waren sogar 70 Jahre und älter). Im Vergleich dazu waren von allen Strafgefangenen insgesamt 5 % 60 Jahre und älter (2075 Personen), also etwas weniger als der Anteil weiblicher Gefangener (2618). 0,93 % aller Gefangenen waren 70 Jahre und älter. Über 90 Jahre alt war kein männlicher Gefangener, aber eine weibliche mit einer zeitigen Freiheitsstrafe unter 5 Jahren.

Insgesamt befanden sich am 31.12.2020 2.689 Personen im Strafvollzug und in Sicherungsverwahrung, die 60 Jahre alt waren oder älter – das waren mehr als

5-mal so viele wie Jugendliche (366).[4] 1995 waren noch doppelt so viele Jugendliche in einer Jugendstrafanstalt als Senioren in Strafvollzug und Sicherungsverwahrung.[5]

Insgesamt wissen wir wenig Verlässliches über den Gesundheitszustand der älteren Gefangenen in Haft.[6] Die meisten Annahmen und Beobachtungen gehen dahin, dass viele Krankheiten zusammenkommen, insbesondere auch psychische Erkrankungen und dass die Jahre in Haft zum schnelleren Altern beitragen. Immerhin sterben im Durchschnitt der letzten 20 Jahre etwa 150 Personen pro Jahr im deutschen Strafvollzug – eine knappe Hälfte davon durch Suizid. Das waren seit 1998 etwa 1500 Menschen.[7]

In der Selbstwahrnehmung vor allem der inhaftierten Männer wird Alter mit Krankheit und Schwäche assoziiert. Im Strafvollzug selbst gelten ältere Gefangene (sicherlich schon oberhalb von 50 Jahren) sowohl von Seiten des Vollzugspersonals als auch von Seiten der Mitgefangenen als sozial ausgleichend, deeskalierend und weniger in delinquenten Subkulturen verstrickt.[8] Soweit die Arbeitspflicht aus Altersgründen wegfällt, besteht die Gefahr einer zusätzlichen Reduzierung sozialer Kontakte und erhöhter Einsamkeit. Einige Bundesländer haben in den letzten Jahrzehnten spezielle Seniorenabteilungen oder spezielle Außenstellen für ältere Gefangene eingerichtet (Baden-Württemberg, Hessen, Nordrhein-Westfalen, Sachsen). In Berlin kümmerte sich das Projekt AIBA der Berliner Stadtmission um ältere Inhaftierte unter dem Motto ‚Besonderer Bedarf – besondere Angebote', wobei es u. a. um spezielle kontinuierliche Sprechstunden, Theaterangebote, Computerkurse oder auch Ergotherapie ging.

Die Gründe für besondere Unterbringungen älterer Gefangenen sind einerseits gut nachvollziehbar – meist wird vor allem geringere Aggressivität der Gefangenen, ihr größeres Bedürfnis nach Ruhe und der andere Tagesablauf durch den Wegfall der Arbeit genannt. Viele ältere Inhaftierte werden das positiv erleben und insofern ist dies zu begrüßen, gleichzeitig zeigt der Bedarf aber auch, dass insbesondere die Großanstalten mit der Dominanz junger Machos oder Süchti-

---

4 In der Sicherungsverwahrung waren am 31.12.2020 40 Personen über 69 und im Strafvollzug 435. Mit 6,1 % entspricht der Anteil der Senioren über 59 etwa dem der Frauen im Vollzug.
5 Statistisches Bundesamt 2020, S. 10–15.
6 Immerhin gibt es eine Studie von Liane Meyer aus dem Jahr 2016, die sich auf Rheinland-Pfalz bezieht, und von Thomas Görgen und Werner Greve aus dem Jahr 2005. Görgen/Greve 2005, S. 120 ff.; Meyer 2016, S. 37–43.
7 Vgl. Antwort der Bundesregierung auf die Kleine Anfrage der Abgeordneten Ulla Jelpke u. a.; Drucksache 19/31444, S. 1 und 3.
8 Görgen/Greve 2005, S. 123

ger und Dealender in der Subkultur nicht fertig werden, was durchaus auch junge Gefangene beeinträchtigt. Die Einrichtung von Schutzräumen für Ältere weist auf ein grundsätzliches Problem des Strafvollzugs hin und deshalb hatte der Alternativentwurf zum Strafvollzugsgesetz von 1973 in § 8 eine Höchstgrenze von 200 Gefangenen pro Haftanstalt vorgesehen. In vielen skandinavischen Ländern liegt die Anstaltsgröße eher bei 80 bis 120. Einschluss ist immer mit Deprivationen verbunden, aber in kleineren Einheiten lässt sich dies vermindern, sowohl für jüngere als auch für ältere Gefangene.

Betrachtet man die Proband:innen der Bewährungshilfe zum Zeitpunkt der Beendigung der Unterstellung so waren im Jahr 2011, dem letzten Jahr einer bundesweiten Statistik, 984 Personen von 61.132 (1,6%) 60 Jahre und älter. Auch in verschiedenen aktuelleren Landesstatistiken zur Bewährungshilfe (beispielsweise NRW 2019) war der Anteil der Senior:innen niemals über 2%, wobei sich durch die Erhebung des Alters am Ende der Unterstellung sogar eine geringfügige Erhöhung des Altersdurchschnitts ergibt. Im Durchschnitt werden die Bewährungshelfer:innen also etwas mehr als eine Person im Alter von 60 Jahren oder älter als Proband:in haben.

Fasst man diese Daten zur demografischen Entwicklung im Kontext der Delinquenz und Kriminalpolitik zusammen, so zeigen sich einerseits Effekte der höheren Lebenserwartung, andererseits aber auch von Strategien, die auf längeren sichernden Einschluss setzen. Während die erhöhte Lebenserwartung erwünscht ist, auch um den Preis, dass sich heute Senior:innen so verhalten wie früher im Alter von 50 Jahren, also aktiv Sport treiben, sich modisch kleiden, Fernreisen unternehmen und zuweilen auch straffällig werden, kann dem erhöhten Einschluss alter Menschen in Strafvollzug und Sicherungsverwahrung kriminalpolitisch entgegengewirkt werden.

Bei sinkenden Mordzahlen müssen nicht immer mehr lebenslange Freiheitsstrafen verhängt und ohne Aussetzung zur Bewährung vollstreckt werden. Die Sicherungsverwahrung wurde in den letzten Jahrzehnten beispiellos ausgeweitet, was weder alternativlos war und ist, noch muss bei älteren Menschen die Vollstreckung Jahr um Jahr verlängert werden. Auch die Ersatzfreiheitsstrafen bei Menschen, die vom erkennenden Gericht zu einer Geldstrafe verurteilt wurden, was einen Rückschluss auf den Unrechtsgehalt der Delikte und die Gefährlichkeit der Täter:innen zulässt, müssen nicht so häufig vollstreckt werden. Sie beziehen sich auch bei Senior:innen häufig auf Bagatellkriminalität, wie beispielsweise Ladendiebstahl und Beförderungserschleichung. Wenn dann noch die Möglichkeiten der Aussetzung zur Bewährung von Strafen oder Strafresten gesteigert würden, wären deutlich weniger Senior:innen im Strafvollzug, ohne dass der Rechtsfrieden und der Schutz wichtiger Rechtsgüter geschwächt wären.

Auch wenn man durch die genannten Maßnahmen die Anzahl alter Menschen im Strafvollzug und in der Sicherungsverwahrung deutlich vermindern könnte, so werden natürlich hunderte inhaftierte Senior:innen übrig bleiben, um deren Lebenswelt, Bedarfe und Interessen es im Folgenden gehen soll. Allerdings wird man meines Erachtens diesen Aspekten weniger dadurch gerecht, dass man an Rollstühle, Schonkost und Schutzräume im Strafvollzug im Sinne von Insellösungen oder Spezialanstalten denkt, sondern dadurch, dass der auf Resozialisierung ausgerichtete Justizvollzug insgesamt sich vom Anstaltsdenken des 19. Jahrhunderts und der totalen Institution verabschiedet und den individuellen Bedürfnissen von jungen und alten Gefangenen mit ihren kulturellen Unterschieden und Interessen Rechnung trägt. Nicht nur 70-Jährige im Strafvollzug wollen vor subkultureller Gewalt geschützt werden, sondern durchaus auch Menschen im Alter von 30, 40 oder 50 Jahren.

Ein an den Menschenrechten und am Ziel der Resozialisierung orientierter Strafvollzug in kleinen, in aller Regel offenen Einheiten, könnte auch das Vollzugsklima so verbessern, dass unter anderem ältere Gefangene davon profitieren. Aufgaben und Methoden der Resozialisierung sind immer individuell zu planen und mit den Gefangenen zu besprechen – das gilt für 22-Jährige so sehr wie für 72-Jährige: Ein 60-Jähriger mag noch so fit sein – er ist kaum in das Arbeitsleben zu integrieren, obwohl er vielleicht wegen geringer Rentenansprüche ganz besonders bedürftig ist. Deshalb braucht es bedarfsgerechter Beschäftigungen und Freizeitangebote, aber auch einer Entlassungsvorbereitung und Entlassenenberatung, die den Gesundheitszustand, die Erwerbslosigkeit, Rentenprobleme usw. zum Thema machen. Hier kommt dann neben der Sozialen Arbeit im Strafvollzug auch die Freie Straffälligenhilfe ins Spiel, die die Übergänge mitgestalten kann und nach der Entlassung Hilfe anbietet.

Von besonderer Bedeutung sind in diesem Kontext die in den meisten Landesstrafvollzugsgesetzen vorgesehenen Übergangseinrichtungen außerhalb des Vollzugs, in denen Gefangenen zur Vorbereitung der Eingliederung Aufenthalte im Zuge eines zusammenhängenden Langzeitausgangs bis zu sechs Monaten gewährt werden können.[9] In solchen von Freien Trägern der Straffälligenhilfe betriebenen Einrichtungen können die Gefangenen auf die Entlassung vorberei-

---

9 Vgl. z. B. § 46 Abs. 3 des Berliner Strafvollzugsgesetzes, verkündet als Artikel 1 des Gesetzes zur Weiterentwicklung des Berliner Justizvollzugs vom 4. April 2016; GVBl. S. 152 ff.

tet werden und dort können sie als Haftentlassene so lange verbleiben, wie sie wollen und dies von ihnen als hilfreich erlebt wird. Leider wird diese rechtliche Möglichkeit nur selten genutzt und vor allem nur selten finanziert und angeboten. Für solche Einrichtungen gibt es nicht nur aufgrund des schwierigen Wohnungsmarktes für Haftentlassene einen großen Bedarf, sondern weil gerade auch ältere haftentlassene Personen z. B. mit Suchtproblemen weder in Suchthilfeeinrichtungen noch in Seniorenheimen leicht zu integrieren sind und akzeptiert werden. In solchen kleinen Einrichtungen für 8 bis 12 Personen könnten alte haftentlassene Menschen, die sich aufgrund von Gebrechlichkeit, Sucht und anderen Krankheiten oder einer Kombination von all dem und geringen sozialen Kompetenzen nicht selbstständig versorgen können, leben und zumindest stundenweise lernen zu arbeiten, sich zu unterstützen und einen menschenwürdigen Lebensabend zu gestalten, der dann vielleicht doch etwas länger dauert und nicht nur ein Warten auf den Tod ist.

Wäre das nicht eine Perspektive für die Freie Straffälligenhilfe, die sich für Menschenrechte und soziale Gerechtigkeit einsetzt? Hier sind ein großer Entwicklungsbedarf und fachliche Fantasie geboten. Dabei sei hier dahingestellt, ob Lösungen in besonderen stationären Einrichtungen bestehen, was ich eher problematisieren möchte, oder in besonderen Eingliederungshilfen in Regeleinrichtungen.

Als Integrationsaufgabe steht für einen Teil der Haftentlassenen nicht mehr die Integration in den Arbeitsmarkt im Vordergrund, sondern (oft schon heute) zumindest für die Gefangenen im Alter über 55 etwas anderes. Gleichzeitig erhöht sich aber gesamtgesellschaftlich der Anteil derer, die im Alter von 65+ zusätzlich neben der Rente bzw. der Grundsicherung arbeiten. Soll man auf diese Zukunft vorbereiten? Warum nicht? Es ist natürlich schwierig, zu geringfügigen Beschäftigungen zu motivieren. Aber jenseits von Einkommen und Lebensstandard wird es auch um die Gestaltung einer Lebensphase gehen, die durchaus noch 20 oder mehr als 30 Jahre währen kann. Es ist eine Frage der Ethik, hier Hilfe zu leisten, die sich nicht allein auf die Rückfallprävention bezieht.

Literatur

Antwort der Bundesregierung auf die Kleine Anfrage der Abgeordneten Ulla Jelpke u. a.; Drucksache 19/31444, S. 1 und 3.

Berliner Strafvollzugsgesetzes § 46 Abs. 3, verkündet als Artikel 1 des Gesetzes zur Weiterentwicklung des Berliner Justizvollzugs vom 4. April 2016; GVBl. S. 152 ff.

Cornel, Heinz (2013): Anmerkungen zu möglichen zukünftigen Entwicklungen der Kriminalität und Kriminalpolitik und notwendigen Änderungen in der Straffälligenhilfe, in:

Cornel, H./Halbhuber-Gassner, L./Wichmann, C. (Hg.) (2013): Strafvollzug, Straffälligenhilfe und der demografische Wandel, Freiburg i. B., S. 33–54.

Görgen, Thomas/Greve, Werner (2005): Alte Menschen in Haft: Der Strafvollzug vor den Herausforderungen durch eine wenig beachtete Personengruppe, in: Bewährungshilfe, Jahrgang 52, Heft 2, S 116–130, insb. S. 120 ff.

Meyer, Liane (2016): Alte Inhaftierte in Justizvollzugsanstalten. Herausforderung für die Gesundheitssicherung, Zeitschrift für Gerontologie und Geriatrie, Band 48, Heft 5, S. 37–43.

Statistisches Bundesamt (Hrsg.) (2020): Rechtspflege Strafvollzug – Fachserie 10, Reihe 4.1, Demografische und kriminologische Merkmale der Strafgefangenen zum Stichtag 31.3., S. 10–15.

Hinter Gitter alt werden und sterben in Frankreich

Eine ethische Betrachtung aufgrund von Selbstzeugnissen von alten kranken Gefangenen und im Strafvollzug tätigen Mitarbeitenden[1]

Aline Chassagne

Einführung

Allgemein stellt für die Gefangenen das Datum der Haftentlassung eine wichtige zeitliche Grenze dar. Oft besteht ihre Hoffnung oder ihre Erwartung darin, das vorherige Leben wieder aufzunehmen, da, wo es aufgehört hat, und die verlorene Zeit aufzuholen. Wenn aber die inhaftiere Person altert und schwer krank ist, scheint dieses Ziel der Haftentlassung manchmal fraglich. Für manche Gefangene wird dann das Gefängnis zum letzten Lebensort.

Doch der Lebensalltag im Strafvollzug und die baulichen Gegebenheiten wurden für eine junge und autonome Population konzipiert, die für eine begrenzte Zeit „eingeschlossen" wird. Innerhalb des Gefängnisses bestehen die Aufgaben der Strafvollzugsbehörde darin, gleichzeitig die Inhaftierten zu überwachen und sie auf die zukünftige soziale Wiedereingliederung durch Arbeit und entsprechend angebotene Maßnahmen vorzubereiten.

In diesem Rahmen haben „alte Personen" – zudem, wenn sie die Endphase des Lebens erreicht haben – schwer Zugang, und können dadurch kaum Schritt halten mit dem Alltagsablauf in der Anstalt. Dazu verliert die Rolle der Bediensteten teilweise an Sinn, da dieser Personenkreis mehr Pflege als Aufsicht bedarf. Und die Organisation der medizinischen Dienste ist ebenfalls nicht passend, da sie hauptsächlich zwei Ziele verfolgt: die Heilung und das „risk assessment", das für ein junges und fragiles Population gedacht wurde (Marti 2014).

A priori hatte sich die Institution Gefängnis nicht vorgestellt, dass die aufgenommenen Personen dort entweder altern oder sterben könnten. Dieses „Nicht-Durchdachte" hinterfragt die Lebensbedingungen, denen alternde und/oder

---

[1] Die Übersetzung aus dem Französischen erfolgte durch Anne-Marie Klopp, Düsseldorf, wofür wir herzlich danken.

sterbende inhaftierte Personen ausgesetzt sind. Die Möglichkeit, über eine entsprechende Haftzelle zu verfügen, ist kaum gegeben. Die Pflege ist in der Anstalt nicht durchgehend gewährleistet (keine Pflege am Wochenende oder nachts). Manchmal haben sehr kranke Gefangene Schwierigkeiten, bestimmte Räumlichkeiten bzw. Orte (Treppen zum Krankenrevier, Freistundenhof) zu erreichen; insbesondere in „alten" Anstalten, wo es keinen Aufzug gibt. Mit der Zeit sind manche Anstalten zum Aufnahmeort für diese alternden Gefangenen geworden. In der Tat verfügen manche Gefängnisse über entsprechend eingerichtete Haftzellen oder Pflegehilfspersonal. Sie versuchen, einen Teil ihres Ablaufs den Schwierigkeiten anzupassen, die mit dem Alterungsprozess und dem Autonomieverlust zusammenhängen. Dies kann aber zu anderen Problemen führen, z. B. wegen der geografisch weiten Entfernung zwischen den Inhaftierten und ihren Familien.

Manche Ärzte, die im Strafvollzug arbeiten, weisen auf eine Reihe spezifischer Schwierigkeiten hin, denen sie bei diesem alternden Personenkreis gegenüberstehen. Vor Kurzem haben manche betont, dass sie ihre Patienten nicht mit der gleichen Qualität und Kontinuität wie draußen pflegen können. Dies gilt nämlich beim Umgang mit bestimmten Krankheiten, Behinderungen und Abhängigkeiten insbesondere für die alten Gefangenen (Dulioust 2013). Ihrer Meinung nach können die im Strafvollzug zur Verfügung stehenden sanitären Bedingungen nicht automatisch aus den Gefangenen Patienten machen (Bessin/Lechien 2000). Ein Gefangener zu sein, stelle eine Diskriminierung dar; dies aufgrund des Widerspruchs zwischen der „Aufsichtspflicht" seitens der Strafvollzugsbehörde und der „der Pflege", die „kulturell völlig verschieden verankert sind" (Moreau 2010; Turner et al. 2011).

Im Gefängnis behandelt oder gepflegt zu werden, wirft ethische Fragen auf, insbesondere, wenn der Gefangene älter wird und unter einer fortgeschrittenen chronischen Krankheit leidet, die zum Tode führen kann. Wenn die Personen physisch abgebaut haben und *a priori* gar nicht mehr in der Lage sind, eine Gefahr für die Gesellschaft zu werden, ist die Frage nach dem Sinn des Verbleibs in Haft legitim. Dabei darf nicht vergessen werden, dass der Richter sich vor der Haftentlassung ein Bild des möglichen Risikos machen muss und Garantien braucht. Muss aber eine Strafe weiter verbüßt werden, wenn die Lebenserwartung sehr begrenzt ist? Oder anders gesagt, bis wie weit muss die Strafe greifen?

In solchen Situationen werfen die mit der medizinischen Versorgung verbundenen Schwierigkeiten Fragen über den Sinn der Strafe auf: welchen Stellenwert hat die Haft bei dem den Strafvollzugsrichtern zur Verfügung stehenden juristischen Maßnahmenkatalog? Wozu dient der Strafvollzug? Ist dieses Ziel anwendbar auf alte Personen, die schwerkrank sind oder gar am Ende ihres Lebens stehen? (Zimmerman et al. 2002; Neverloff 1998; Comité consultatif national d'éthique pour les sciences de la vie et de la santé – CCNE 2006)

Angesichts des Alterns der Haftbevölkerung hat das französische Strafvollzugsgesetz aus dem Jahre 2009 Erleichterungen bei der Umwandlung der Strafen für Gefangene über 70 Jahren vorgesehen (art. 729 du CPP). Andererseits kann einem Gefangenen, dessen Lebenserwartung sehr begrenzt ist – und wenn die Haftbedingungen seinem Gesundheitszustand nicht angepasst sind – eine „Haftunterbrechung" gewährt werden (Gesetz von 04/03/2002).

Diese Maßnahme unterstützt den Gedanken, wonach der sterbende Gefangene sein Lebensende extra-muros erleben soll. Dies wird nicht in allen Kulturen so gesehen. Im Gegensatz dazu ermuntert in England ein Gesetzestext aus dem Jahre 2013 dazu, die Gefangenen, egal in welchem Gesundheitszustand sie sich befinden, in Haft zu lassen, wenn es auch eine ähnliche Maßnahme wie die Haftunterbrechung namens *„compassionate release"* gibt.

In manchen Strafanstalten sind sogenannte „palliative Zellen" eingerichtet worden. Diese Zellen sind größer als gewöhnliche Zellen und können Angehörige mit aufnehmen. In den USA wurde im Bundesstaat Indiana eine palliative Abteilung speziell für Gefangene eingerichtet. Sie wird von anderen freiwilligen Mitgefangenen verwaltet, die speziell zur Begleitung von Sterbenden ausgebildet worden sind.

Je nach juristischen und medizinischen Vorkehrungen unterscheidet sich der Umgang mit dem Altsein und der letzten Lebensphase im Gefängnis: Entweder wird intra-muros etwas unternommen oder es wird eine Haftentlassung vorgezogen. Abgesehen vom Umgang der Behörden mit dieser Problematik stellt sich folgende Frage: Welche Wahlmöglichkeit hat ein alternder Gefangener am Ende seines Lebens? Was wünscht er sich für seine eigene Zukunft? Welchen Ort stellt er sich den Ort für das Ende seines Lebens vor?

Nach dieser theoretischen Auseinandersetzung mit dem Altern und dem Sterben im Gefängnis widmet sich der zweite Teil der Frage, inwiefern die Lebensbedingungen in Haft die alltägliche Begleitung von alten und in dieser Lebensphase befindenden Gefangenen erschwert. Zum Schluss wird kurz die Frage der Haftentlassung aufgeworfen. Dafür wurde auf die Ergebnisse einer wissenschaftlichen

Untersuchung zurückgegriffen, die zwischen 2011 und 2014 in den französischen Anstalten durchgeführt wurde.

Altern, Sterben und Gefängnis
Das Altern der Haftbevölkerung

Das Altern hängt mit der Umgebung und den Lebensbedingungen der Personen zusammen. Daher ist es schwierig, das Alter festzulegen, um eine „alte Person" zu definieren. Umso mehr, als sich aus Untersuchungen ergibt, dass der physiologische Alterungsprozess möglicherweise für die Haftbevölkerung schneller vorangeht; dies aufgrund ihrer sozio-ökonomischen Eigenschaften (junge Bevölkerung, aus der Unterschicht stammenden, ohne Familienzusammenhalt, mit einen niedrigen Bildungsniveau und kaum Berufserfahrung[1]). In den USA geführte Untersuchungen über den Gesundheitszustand der Haftbevölkerung haben ergeben, dass die Gefangenen physiologisch 10 Jahre älter sind als nach ihrem wirklichen Alter (Neverloff 1998; Hoffman/Dickinson 2011). Übrigens gehen manche Länder (Kanada, Frankreich, England, USA) davon aus, dass ein Gefangener ab 50 Jahre „alt" ist, was nicht der durch die WHO festgesetzten Norm entspricht. Sie ist auf 60 fixiert. Auch in der Schweiz ist die Alterskategorie für Gefangene 60 Jahre und mehr (Marti 2014).

Ab 50 erhöhen sich die pathologischen Risiken und generell auch der Bedarf an Prävention und Behandlung. Zahlen aus 2011 zeigen so z.B., dass der Prozentsatz pro Altersgruppe, die an Krebs erkrankt ist, von 1,5 % unter 50 Jahren auf 18 % zwischen 50 und 64 Jahren (25 % für Männer) und auf 20 % für über 75-Jährige (30 % für Männer) steigt (InVS und INSEE[2]). In Frankreich hat sich zwischen 1980 und 2005 die Zahl der Krebserkrankungen (89 %) und der Mortalität durch Krebs (+13 %) erhöht (Belot 2008). Diese Erhöhung der Krebserkrankungen im Zusammenhang mit der demografischen Kurve und der Alterung betrifft zahlreiche europäische Länder.

Der Rechnungshof machte 2010 darauf aufmerksam, dass die Haftbevölkerung, obgleich sie jünger als die allgemeine Bevölkerung ist, sich ähnlich entwickelt. Dies führt zur Alterung einer ansonsten bereits anfälligen Bevölkerung. In Frankreich ist die Zahl der Inhaftierten 50 plus in den letzten 30 Jahren um mehr als

---
1 Cassan et al. 2000.
2 Sterberate nach Alter berechnet aus Inzidenzen, die vom InVS präsentiert wurden und den Alterspyramiden vom 1. Januar 2011 und 2012.

das Fünffache gestiegen (für Inhaftierte älter als 79 Jahre um mehr als das Siebenfache). Nach einer Studie von Baumeister und Keller betrug 2008 die Zahl der Inhaftierten 50 plus 11,2 % der Haftbevölkerung in der Schweiz. 2013 betrug der Anteil der Inhaftierten 50 plus in Frankreich auch 11,2 % der Haftbevölkerung. In England und Wales lag sie bei 12 % (Briet 2013; Turner 2014). So erhöht sich bei den Gefangenen 50 plus die Zahl der Risiken, die mit dem Alter und der Summe der mit Risiken behafteten Verhaltensweisen zusammenhängen und sie außerdem durch mangelnde Prävention noch anfälliger macht. Diese sanitären und demografischen Eigenschaften führen zu einer ähnlichen, wenn nicht größeren Erhöhung der Krebserkrankungen und den damit verbundenen Sterbefällen bei den Gefangenen. Die Alterung der Haftbevölkerung entwickelt sich ähnlich wie die der allgemeinen Bevölkerung. Das allein aber erklärt nicht die Zunahme der Zahl der Senioren hinter Gittern.

Tatsächlich haben die hintereinander erlassenen Gesetze, die die Länge der Strafen erhöhen und den Zugang zu einer Umwandlung der Strafe für Wiederholungstäter erschweren, zu einer Alterung der Haftbevölkerung in Frankreich geführt.[3] In der Schweiz, wie auch in den meisten westlichen Ländern hat eine „Kurve der Strafe" zu einer erhöhten Repression und einem restriktiveren Umgang mit der Haftentlassung geführt (Queloz et al. 2011). Das hat zu der Inhaftierung von Personen geführt, die im Gefängnis altern werden, insbesondere bei Personen, die eine Sexualstraftat begangen haben (z. B. die Verlängerung der Verjährungsfrist in diesem Bereich hat zu der Inhaftierung von Personen beigetragen, die bereits am Anfang ihrer Haft alt waren).

Parallel zur Alterung der Gefangenen kann die Zunahme von Gefangenen festgestellt werden, deren Autonomie abnimmt. Dennoch betrifft das nur eine geringe Anzahl von Gefangenen im Verhältnis zur allgemeinen Haftbevölkerung. Die Frage der Pflege und die ethischen Fragen werden durch die Alterung eines Teils der Haftbevölkerung komplizierter. Denn die alten Gefangenen werden für chronische Krankheiten anfälliger, was ihre Lebenserwartung in Frage stellt, und zum Tode führen kann. Damit einhergehend erhöht sich der Bedarf an Pflege und alltäglicher Begleitung. So können alternde Personen, die unter einer chronischen Krankheit leiden, zu einer bestimmten Zeit einer Sterbebegleitung im Gefängnis bedürfen.

---

3 Der Anteil der inhaftierten Personen älter als 60 Jahre ist von 2 % am 1. Januar 1997 (Cour des comptes 2010) auf 3,6 % zum 1. Januar 2011 gestiegen mit einer Stabilität seit 2005 (OPALE 2011).

Im Gefängnis sterben

Seit 2005 schwankt der Prozentsatz der Sterbefälle in Haft in Frankreich zwischen 3,5 % und 4,1 %. 2011 betrug er 3,5 % mit 123 Sterbefällen mit „natürlichem Tod", 123 Suiziden und 3 Totschlagsdelikten (OPALE[4]). Eine Untersuchung von Guillonneau und Kensey von 1997 über die Gründe der *„natürlichen Todesfälle"* in den französischen Gefängnissen hat gezeigt, dass es sich hauptsächlich um Herzkrankheiten (34 %), ansteckende und parasitäre Krankheiten (18 %) und Tumore (15 %) handelte.

Zurzeit gibt es in Frankreich keine nationalen epidemiologischen Daten, die diese Art von Pathologien bei der Haftbevölkerung beschreiben. Eine bei der UHSI in Lyon durchgeführte Studie über die Bronchien- und Lungenkrebsarten hat gezeigt, dass bei den Gefangenen diese Krebserkrankungen öfters vorkommen, schneller fortschreiten und sich bei der Diagnose in einem fortgeschritteneren Stadium befinden als bei der allgemeinen Bevölkerung (Carbonnaux et al. 2012).

Zudem zeigen amerikanische epidemiologische Studien[5], wie die von Lin und Mathew (2005, 2007), dass die Anzahl der diagnostizierten Krebsfälle in den Gefängnissen in Texas zwischen 1980 und 1999[6] sich erhöht hat. Die medizinische Betreuung in Haft vermindert den Zugang zu einer frühzeitigen Erkennung, speziellen Therapien oder einer optimalen Schmerztherapie (Lind et al. 2007). Das Strafvollzugssystem ist aber in Frankreich und in den USA nicht gleich.

Allerdings ist klar, dass, egal wie das Ganze organisiert wird, aufgrund der Aufsichtszwänge und der Komplexität des medizinischen Ablaufs die Behandlung (im weiten Sinne des Wortes) schwerer Krankheiten schwierig sein kann. Der Lebenslauf der alternden oder sich in der letzten Lebensphase befindenden Gefangenen bringt die Organisationsstrukturen der verschiedenen Fachkräfte durcheinander. In der vorgestellten Studie weisen sowohl die im Gefängnis tätigen Hauptamtlichen als auch die Pflegekräfte auf ihre Schwierigkeiten hin und zeigen, wie sie unter dem täglichen Umfang mit Gefangenen, die ihre Autonomie

---

4 P-V Tournier, OPALE : Observatoire des Prisons et autres lieux privatifs de liberté. Die Statistiken des OPALE werden mit Angaben ausgeführt, die von der Gefängnisverwaltung geliefert werden.
5 Die amerikanische Gefängnispopulation weist die Besonderheit auf, dass sie eine ähnliche Inflation wie die französische Gefängispopulation erlebt hat: einen Anstieg der Anzahl der Inhaftierten und eine Steigerung der Haftlängen.
6 Zwischen 1980 und 1999, hat sich die Anzahl der Inhaftierten in den Gefängnissen von Texas vervielfacht und die Anzahl der Krebsdiagnosen folgt diesem Anstieg (Studie von Mathew, «Cancer in an incarcerated population», veröffentlicht 2005).

verlieren, leiden. Oft plädieren sie für eine Umwandlung der Strafe oder eine Haftunterbrechung.

Um die letzte Lebensphase extra-muros zu ermöglichen, ist in Frankreich ein Gesetz über die Haftunterbrechung aus medizinischen Gründen erlassen worden. Seit 2002 wurde diese Haftunterbrechung aus medizinischen Gründen 650-mal bei 925 Anträgen (70 %) gewährt[7].

Die zur Verfügung stehenden Berichte geben keine klare und dokumentierte Information über die Gründe, warum dem Antrag stattgegeben wurde oder nicht (30 % der Fälle). Der Nationalrat für Ethik hat darauf hingewiesen, dass dieses Gesetz deswegen kaum zur Geltung käme, weil es nur für Personen angewandt wird, derer Lebenserwartung sehr kurz ist. Was ist aus den Menschen geworden, die einen Antrag auf Haftunterbrechung aus medizinischen Gründen gestellt hatten? Ist ihnen eine andere Umwandlung der Strafe gewährt worden oder sind sie im Gefängnis gestorben? Unsere Studie ging von diesen Fragestellungen aus.

Studie im Strafvollzug

Unsere Studie namens PARME[8] hat sich auf ganz Frankreich erstreckt. Sie betraf 180 Justizvollzugsanstalten und 8 gesicherte Krankenhausabteilungen (UHSI).

Wichtig ist zu wissen, dass 1994 in Frankreich das Gesundheitssystem im Strafvollzug reformiert wurde. Seitdem unterstehen die Gesundheitsfragen dem Gesundheitsministerium und nicht dem Justizministerium bzw. der Strafvollzugsverwaltung. Die Mitarbeitenden des Pflegepersonals sind Angestellte eines Krankenhauses und von der Strafvollzugsbehörde unabhängig.

In Frankreich gibt es drei Wege, um die Pflege zu organisieren:
- in den Pflegeabteilungen in den Gefängnissen,
- in einem nahegelegenen Krankenhaus (Sprechstunden und stationärer Aufenthalt für weniger als 48 Stunden),
- in Krankenhausabteilungen für Gefangene (UHSI) für stationäre Behandlungen, die 48 Stunden überschreiten (für die Betreuung von psychischen Kranken gibt es eigene UHSA).

---

7 Bureau PMJ2, Direction de l'administration pénitentiaire, Angaben von den Justizvollzugsanstalten geliefert, rapport parlementaire – Bericht an das Parlament, 2012.
8 Forschungsarbeit PARME, unter Leitung von Régis Aubry, Chef der palliativen Pflege und der Geriatrie im CHRU de Besançon. Diese Forschungsarbeit wurde von der Fondation de France finanziert.

Um unsere Studie durchzuführen, wurden schriftlich und telefonisch die in den Pflegeabteilungen im Gefängnis oder in den speziellen Abteilungen arbeitenden Ärzte angefragt. Nachdem sie informiert wurden, haben die Ärzte auf die von ihnen betreuten Gefangenen hingewiesen, die sich in der letzten Lebensphase befanden. Es wurde bei der Studie beschlossen, sich auf folgende Kriterien zu konzentrieren: *„(...) die Patienten, die unter einer schweren, chronischen, fortschreitenden oder sich sehr fortgeschritten bzw. im letzten Stadium befindenden Krankheit leiden, und von denen die Ärzte ausgehen, dass die Lebenserwartung unter einem Jahr liegt."*[9]

Wenn sich eine Situation ergab, sind die Forscherinnen entweder ins Gefängnis oder auch zur speziellen Krankenhausabteilung gefahren, um mit den kranken Gefangenen und den sie pflegenden Fachkräften Gespräche zu führen. Es wurden in 14 Fällen die Situation von sich in der letzten Lebensphase befindenden Gefangenen sehr genau studiert, indem die Patienten, Ärzte, Sozialdienste, des zuständigen Gerichts, aber auch der Aufsichtsbeamten und Krankenpfleger angehört wurden. Dieser qualitative verständnisorientierte Ansatz hatte das Ziel, den vor Ort arbeitenden und betroffenen Personen Gehör zu verschaffen und diese Schattenseite unserer Gesellschaft „sichtbar" zu machen. Unsere Ziele bestanden darin:

- festzustellen, wie die Betreuung von schwer kranken Gefangenen im Gefängnis und in den speziellen Einheiten organisiert ist,
- zu verstehen, wie sie sich positiv bzw. negativ auf die Haftentlassung von Gefangenen auswirkt, die ihre Autonomie verlieren und schwer krank waren.

Anfänglich wollten wir nicht ausschließlich Senioren in den Blick nehmen, da schwere Krankheiten natürlich Menschen jeden Alters betreffen können. Dennoch mussten wir feststellen, dass unter den 14 Studienfällen 11 Personen älter als 50 waren (drei waren zwischen 50 und 59 Jahre alt, 5 zwischen 60 und 69 Jahre und 3 andere über 70). So hat unser empirischer Ansatz es ermöglicht, nicht nur die Probleme von kranken Gefangenen, sondern auch die mit dem Alter im Gefängnis verbundene Problematik darzustellen. Wir konnten 6 kranke Gefangene im Gefängnis und 7 in den speziellen Abteilungen treffen. Eine letzte Person, für die eine Hafterleichterung griff, haben wir auf einer Palliativstation befragen können. Die beiden Problembereiche von kranken und alternden Gefangenen werden separat analysiert.

---

9 Definition für Palliativpflege auf Vorschlag der Société Française d'Accompagnement et de soins Palliatifs (SFAP), zu der wir ein zeitliches Kriterium hinzugefügt haben: «von weniger als einem Jahr».

Im Strafvollzug

Im Gefängnis ist das Leben schwierig. Die Lebensbedingungen sind unbequem, insbesondere für schwer kranke Personen.[10] Diejenigen, die wir treffen konnten, haben berichtet, wie schwierig es ist, sich ausgewogen zu ernähren (und z. B. Diäternährung zu bekommen) oder sich auszuruhen, da das Gefängnis laut ist. Dazu kommt das Problem, Zugang zu bestimmten Schmerzbehandlungen zu bekommen. Oft haben sie auf die Krankenhausaufnahme warten müssen, damit die Schmerzen verschwinden. Eine aus dem Krankenhaus Zurückgekehrte hat mir erzählt, dass sie in einer Zelle auf dem Boden auf zwei Schaumstoffmatratzen schliefen. Bettlägerig und von Schmerzen geplagt, wurde ihr durch eine ihrer zwei Mitgefangenen geholfen, mit denen sie eine 9 Quadratmeter große Haftzelle teilte. Knochenmetastasen verursachten starke Schmerzen, die durch das schlechte Bett verstärkt wurden. Trotz einer Anfrage, eine andere Matratze zu bekommen, gab es keine Möglichkeit eine zu bekommen oder durch eigene Mittel zu kaufen.

So ist es manchmal schwierig, die für die tägliche Pflege notwendige Gerätschaft wie Medizinbetten, Rollstühle oder eine spezifische Diät im Strafvollzug zu bekommen.[11] Die Ärzte haben nicht unbedingt Einfluss auf diese Faktoren, die dennoch das Wohlergehen der kranken und alternden Gefangenen prägen.

Die Gefängnisarchitektur, der Alltagsablauf (Arbeit und Freistunde) und die Haftbedingungen wurden für eine junge und relativ autonome Bevölkerung konzipiert. So entspricht die Strukturierung der Aufsicht und auch der Pflege nicht den Bedürfnissen einer alternden, abhängigen und kranken Bevölkerung. Im Gefängnis unterstehen diejenigen, deren Autonomie abnimmt, einer besonderen Aufsicht seitens des Aufsichtspersonals, insbesondere durch die Zunahme der Nachtkontrollen. Manche kranke Gefangene weisen darauf hin, dass es manchmal nicht möglich ist, nachts jemanden zu rufen (im Gegensatz zu den speziellen Abteilungen), was Angstzustände verursachen kann. So organisiert das medizinische Fachpersonal eine spezifische medizinische Aufsicht für diese anfällige Bevölkerung:

---

10 Die Lebensbedingungen sind in Justizvollzugsanstalten besonders schwierig, wo es keine Einzelhafträume gibt und die Population sehr unterschiedlich zusammengesetzt ist.

11 In einzelnen Anstalten sind bestimmte Apparate von der Anstaltsleitung verboten, das gilt insbesondere für Sauerstoff-Geräte. In anderen Anstalten verhindert das Fehlen eine behindertengerechten Zelle das Aufstellen eine Pflegebettes.

„Die lokale Pflege besteht darin, Beutel auszutauschen, dafür zu sorgen, dass keine Infektion oder Dekubitus entsteht, weil er sich kaum bewegt, letztendlich sich um jede Pathologie kümmern, die mit dem Bewegungsmangel zusammenhängt. Der Herr X ist ein alter, isolierter Mensch, der zwischen 4 Wänden eingeschlossen ist, weil er nicht in die Freistunde geht, sich nicht bewegen kann." (Arzt über Louis, 68 Jahre alt)

- Wenn die Personen sich kaum oder gar nicht bewegen können, sucht das Pflegepersonal den jeweiligen Gefangenen in seiner Zelle auf. Im Falle von großem Autonomieverlust können mehrere Szenarien greifen. Andere Gefangene (Mitgefangene oder Hausarbeiter[12]) können mithelfen, insbesondere bei den Mahlzeiten.

- Manchmal ermöglicht eine Vereinbarung zwischen dem Strafvollzug und einem externen Verein, Hilfestellungen für den Alltag (Körperpflege) dank sogenannten *„auxiliaires de vie"* (Menschen, die Personen mit bestimmten Problematiken helfen, den Alltag zu bewältigen) zu organisieren. Diese Art von Vereinbarung kollidiert aber mit besonderen Hindernissen im Strafvollzug (Wartezeit vor den Türen, um Zugang zum Patienten zu bekommen) und wird nicht automatisch umgesetzt. Wenn auch dieses Vorbeikommen und die Arbeitszeiten des Hilfspflegepersonals keine Kontinuität in der Pflege ermöglichen, werden sie durch das Aufsichtspersonal begrüßt, die in dieser Arbeit eine „Teilung" der unangenehmen Arbeit erkennt [Bessin/Lechien 2000].

„Der Geruch, davor schreckten die Aufsichtsbeamten zurück, es war wirklich ekelhaft. Daher war dieser Beitrag der „auxiliaires de vie" morgens und abends eine enorme Entlastung für uns. Und ich fand auch, dass sie besonders mutig waren. Alle Frauen waren sehr, sehr mutig. Es ist eine perfekte und unbedingt notwendige Arbeit. Was die Mahlzeiten angeht, war der Hausarbeiter zuständig, also ein Gefangener, der das Essen austeilt, der ihm das Essen auf den Teller getan hat und ans Bett brachte, damit X essen konnte, wenn er Hunger hatte."
(Chefaufseher einer Anstalt über eine unbewegliche 80-jährige Gefangene, die nicht duschen kann.)

- Anderseits sind die Gefangenen, die in ihrer Beweglichkeit eingeschränkt sind, sehr isoliert. Wie wir aus den dargestellten Fällen entnehmen können,

---

12 Ein Hausarbeiter, der allgemein als «Auxi» («Helfer») bezeichnet wird, ist ein Gefangener, der im Dienst der Gefängnisverwaltung arbeitet. Er wird bezahlt und kann bestimmte Vergünstigungen in Anspruch nehmen (z. B. tagsüber offene Zellentür).

können manche Gefangene ihre Zellen nicht verlassen und treffen nur diejenigen, die zu ihnen kommen. Manche unter ihnen sind umso mehr isoliert, wenn sie keinen Besuch bekommen. Sie sind dazu „verdammt", hinter den Gittern zu altern und zu sterben.

- Bei denjenigen, die noch Kontakt zu ihren Angehörigen haben, stellt die letzte Lebensphase ein besonderer Moment dar; es heißt offiziell, die Kontakte mit den Angehörigen sollten unterstützt werden. Allerdings ist es im Strafvollzug besonders kompliziert, da sie nicht in den Besuchsraum kommen können, wenn sie es wünschen. Manchmal können die Gefangenen, die sich nicht bewegen können, ihre Angehörigen aus organisatorischen Gründen nicht einmal sehen. Bei der Untersuchung erklärt mir ein Aufsichtsbeamter, dass ein Gefangener, der sich nicht bewegen und daher nicht zu Besuch gehen konnte, seine Angehörigen nicht hat sehen können, obgleich er zu Besuch gekommen war (die diensthabenden Aufsichtsbeamten haben den Angehörigen nicht bis zur Zelle zugelassen).
- Auch hier hat das medizinische Personal im Strafvollzug keinen Einfluss auf die Familienbeziehungen und trifft auch nicht die Angehörigen der Gefangenen. Angesichts der Situation von Personen, die ihre Autonomie verlieren, werden die Anpassungsschwierigkeiten (z. B. bei der Organisation) für die Fachkräfte deutlich. Es wird klar, wie schwierig es ist, einen Gefangenen auf seinem Weg des Altwerdens und in der letzten Lebensphase (Autonomieverlust, physisches Leiden, Lebensangst) zu begleiten.
- Der palliative Ansatz oder das Begleiten des Alterns erfordern eben eine andere Organisation mit anderen zeitlichen und räumlichen Gegebenheiten und den Erhalt oder die Stärkung der Beziehungen zu den Angehörigen.
- In unserer Studie haben wir festgestellt, dass die am meisten abhängigen Personen (z. B., die sich nicht bewegen können) oft in eine spezielle Krankenhausabteilung verlegt wurden. Manche der kranken Gefangenen verweilen dort Monate lang.

In Spezial-Abteilungen von Krankenhäusern

Diese Abteilungen befinden sich in Universitätskrankenhäusern. Mehr als die Hälfte der sich in der letzten Lebensphase befindenden Personen, die wir getroffen haben, waren seit mehreren Wochen oder gar Monaten auf dieser Abteilung untergebracht. Sie sind der Meinung, dieser Ort würde ihnen den nötigen Komgfort und Pflegezuwendungen zukommen lassen.

Dennoch ist die Struktur dieser Abteilung eigenartig, da die Zimmer der „gefangenen Patienten" abgeschlossen sind. Um Zugang zu ihren Patienten zu bekommen, muss das Pflegepersonal das Aufsichtspersonal auffordern, die Zimmer aufzuschließen. Die medizinischen Fachkräfte und das Pflegepersonal sind der Meinung, dass diese Struktur sich negativ auf die besondere Pflegebeziehung auswirkt und nicht immer die notwendige Intimität in diesem besonderen Moment bietet. Besuche für Angehörige zu organisieren, ist schwierig. Es muss eine Besuchsgenehmigung seitens der Strafvollzugsbehörde vorliegen und die Besuchszeit ist begrenzt (manchmal sind diese speziellen Abteilungen weit entfernt vom Wohnort der Familie).

Aufgrund dieser durch die Aufsichtsaufgaben bedingten Komplexität ist es schwierig, eine palliative Begleitung zu entwickeln. In diesen besonderen Situationen verliert die Aufsicht teilweise an Sinn, wenn die kranken Gefangenen physisch geschwächt sind und keine reelle Gefahr darstellen.

- Auf lokaler Ebene sind auf diesen speziellen Abteilungen Vereinbarungen zwischen Pflegekräften und Aufsichtsbeamten möglich. So kann das Pflegepersonal um eine „offene" Tür bitten. Der Arzt schreibt ein Rezept auf, um anzuordnen, dass die Tür nicht „verriegelt" wird, damit der Pfleger selbstständig den Patienten aufsuchen kann (tagsüber). Für das Umfeld des Patienten wurden spezielle Genehmigungen erteilt: Besuch auf Zimmer, Essen mitbringen, beim Sterbenden sein oder auch noch über die Besuchszeiten hinaus dazubleiben.
- Wenn dies tatsächlich eine Öffnung des Strafvollzugs bedeutet, ist zu betonen, dass das sehr spät und damit sehr restriktiv im Laufe des Sterbeprozesses geschieht, d. h. einige Tage vor oder gar am Tag vor dem Tod, wobei die Begleitung der Person bei diesem Prozess mehrere Wochen oder Monate dauern kann.
- Auch wenn dieses medizinische Umfeld eine Zeit der Beruhigung durch die Anwesenheit von Pflegekräften bringen und besondere prekäre Gesundheitszustände annehmbar machen kann, stellt sich die Frage, ob es notwendig ist, diese Person im Vollzug zu lassen.
- Auch wenn diese Strukturen den alternden und schwer kranken Gefangenen einen bestimmten materiellen Komfort bieten, können sie gleichzeitig die Frage nach einer Haftentlassung und die Vorbereitung auf eine Umwandlung der Strafe sowie einer Haftunterbrechung aufschieben. Mit anderen Worten kann es sein, dass diese Hilfestrukturen dazu führen, dass Personen weiterhin inhaftiert bleiben, da ihnen die notwendige Pflege geboten wird.
- Der palliative Ansatz und die Begleitung sehr alter Menschen erfordern eine besondere Pflege. Zudem sind diese speziellen Abteilungen für kurze Aufenthalte gedacht und nicht als Ersatz für andere Abteilungen im Krankenhaus (palliative Abteilung, lange Aufenthalte) oder besser dafür geeignete Heime

(Altersheim), die angemessen sind, den besonderen Problematiken des Alterns und der letzten Lebensphase zu begegnen. Schließlich scheinen die Beziehungen zu den Familien und ihre Anwesenheit in diesen Phasen, ob im Gefängnis oder auch in den speziellen Abteilungen, nicht zufriedenstellend zu sein. Die Fachkräfte sprechen ähnlich über die erlebten Schwierigkeiten in diesem Rahmen; die Pflegekräfte beklagen einen Mangel an Ausbildung im Bereich der palliativen Pflege.

- Zum Schluss sei gesagt, dass sich die Fachkräfte insgesamt darüber einig sind, dass die Gefangenen nicht im Gefängnis sterben sollen und dies auch nicht wollen[13]: „Sie möchten als freie Menschen sterben" (CPIP, UHSI). Die Gefangenen in der letzten Lebensphase, die wir bei unseren Gesprächen getroffen haben, brachten diesen Gedanken zum Ausdruck, indem sie sagten: „Im Gefängnis sterben, heißt *ad vitam aeternam* seine Identität als Gefangener behalten" (Gauthier, 2010).
- Dennoch können manche Gefangene ihre letzten Lebensmomente nicht draußen erleben, weil entweder ihr Gesundheitszustand sich stark verschlechtert hat oder ihr Antrag auf Umwandlung der Strafe oder/und die Hafterleichterung abgelehnt worden ist. Andere erzählen, dass sie keinen Antrag gestellt haben, weil sie draußen nichts haben: „Hier fühle ich mich wohl, draußen habe ich niemanden." Für manche ist das Gefängnis „ihr Zuhause geworden". Bestimme Delikte führen zum Abbruch der Familienbeziehungen. Ein männlicher Gefangener erklärt es drastisch: „Mit dem, was ich gemacht habe, werden sie sehr wohl verstehen, dass die Menschen da jemanden, der eine Bank überfallen hat besser aufnehmen als mich. Sie haben verstanden? Ja, so ist das jetzt einfach!"

Schluss

Das Altern und die letzte Lebensphase bringen die Strukturen im Strafvollzug bei der Organisation der Pflege und der Aufsicht durcheinander und es ändern sich von Grund auf die ethischen Vorstellungen der Fachkräfte.

Bei unserer Studie scheinen sich die meisten darüber einig, dass das Gefängnis kein idealer Ort zum Altern und Sterben ist. Daher versuchen sie, gemeinsam an einer Vorbereitung auf die Haftentlassung zu arbeiten. Diese Arbeit ist alles andere als einfach, da jede Berufssparte (Arzt, Richter, Sozialdienst und Bewährungshilfe) sich die Entlassung nach seinen beruflichen Zielen vorstellt und nicht unbedingt auf die Vorrechte der anderen achtet.

---

13 In den UHSI sind die Gefangenen einer zugeordneten Haftanstalt inhaftiert.

Diese Zielsetzung der Haftentlassung sollte aber einer multidisziplinären ethischen Fragestellung, welchen Einfluss eine Entlassung auf die Person und das aufnehmende soziale Umfeld hat, nicht hinderlich sein.

Auf gleicher Weise, wenn jemand aus strafrechtlichen, zeitlichen oder persönlichen Gründen nicht entlassen werden kann, muss kollektiv gefragt werden, wie damit intra-muros umzugehen ist. Es scheint aber, dass diese Fragen nicht gemeinsam mit einer von allen Akteuren geteilten Sprache (über alle Fachdisziplinen hinweg) angegangen werden können. In der Tat laden diese Situationen dazu ein, die Organisation und die Begleitung von alten und kranken Inhaftierten im Strafvollzug zu durchdenken.

Literatur

Belot, A./Grosclaude, P./Bossard, N./Jougla, E./Benhamou, E./Delafosse, P., ... (2008): Cancer incidence and mortality in France over the period 1980–2005. *Revue d'épidémiologie et de santé publique, 56*(3), 159–175.

Bessin M./Lechien M-H. (2000): Soignants et malades incarcérés-Conditions, pratiques et usages des soins en prison, Centre d'étude des mouvements sociaux, EHESS, Paris, novembre 2000, Ronéo, 427p.

Brillet, E. (2013): Vieillesse (s) carcérale (s). *Cahiers d'études pénitentiaires et criminologiques*, (38), 1–6.

Byock I. R. (2002) „Dying well in corrections, why should we care?", Journal of Correctionnal Health Care.

Carbonnaux M. et al. (2012) „Prisoners have lung cancer 10 years younger than other and they have a poor prognosis". Medical Oncology.

Cour des comptes, 2010, *Le service public pénitentiaire,* « *Prévenir la récidive. Gérer la vie carcérale.* ». Rapport public thématique.

Darbeda P. (mars-juin 1999): « Médecine et détenus », Journal international de bioéthique, n°1–2, pp. 35-45.

Dulioust A. (2013): „Malades en prison, La colère du médecin de Fresnes", Le Monde, [online] Zugriff am 13.4.2013 [www.lemonde.fr/.../article/.../malades-en-prison-la-colere-du-medecin-de-fresnes].

Gauthier A. (2010): „Prison du corps, geôle de l'esprit, étude du vieillissement en milieu carcéral", Dossier: Prison et détention, Cahiers de la sécurité-n°12- avril-juin 2010.

Guillonneau M./Kensey A. (1997): La santé en prison : un enjeu de santé publique, La mortalité en prison hors suicide, revue française des affaires sociales, n°1 janvier-mars.

Hoffman Heath C./Dickinson George E. (2011): „Characteristic of prison hospice programs in the United States". American journal of hospice and palliative medicine 28(4), pp. 245–252.

Hostettler, U./Richter, M./Queloz, N. (2012): *End-of-Life in Prison: Legal Context, Institutions and Actors,* NRP 67, Proposal, http://p3.snf.ch/Project-139296 (28.11.2014).

Lin J./Mathew P. (2007): „Prison inmates and palliative care", JAMA.;298(21):2481; authorreply 2481.

Loeb S-J. et al. (2001): „End-of-life Care and Barriers for female Inmates", J Obstet Gynecol Neonatal.

Neverloff Dubler N. (1998) „The collision of confinement and care: end of life care in prison jails.", Journal of Law, Medicine and Ethics, n°26, American society of Law, Medicine and Ethics, pp. 149–156.

Marti I. (2014): communication au colloque „End of Life in Prison": Talking across Disciplines and Across Countries. International Workshop, Fribourg.

Moreau F. (2010): „La santé dans les prisons françaises" in La prison, Pouvoirs, 135, éditions du Seuil, Paris, pp. 69–86.

Mouquet M-C. (2005): „La santé des personnes entrées en prison en 2003", Études et résultats, n°386, DREES.

Queloz, N./Luginbühl, U./Senn A./Magri, S. (eds.) (2011). *Pressions publiques sur les prisons: la sécurité à tout prix? – Druck der Öffentlichkeit auf die Gefängnisse: Sicherheit um jeden Preis?* Bern: Stämpfli Verlag, 13.

Tournier P-V., (sous la direction) (2012) Dialectique carcérale, Quand la prison résiste au changement, L'harmattan, Paris. OPALE: http://pierre-victortournier.blogspot.fr/p/opale.html (Abgerufen am 15.03.2023).

Turner, M./Payne, S./Barbarachild, Z. (2011). Care or custody? An evaluation of palliative care in prisons in North West England, *Palliative Medicine 25*(4), 370–377.

Die Situation von Lebensälteren im Strafvollzug in Frankreich[1]

Albert Evrard, Aude Bernard-Roujou de Boubée

> Niemand kann behaupten, eine Nation wirklich zu kennen, es sei denn, er hat ihre Gefängnisse von innen gesehen. Eine Nation sollte nicht danach beurteilt werden, wie sie ihre prominentesten Bürger behandelt, sondern wie sie ihre schwächsten Bürger behandelt (Nelson Mandela).[2]

Einleitung

Dieser Beitrag[3] soll einen Überblick über die faktische und normative Situation älterer Menschen geben, die in Frankreich aufgrund einer rechtskräftig gewordenen Strafe inhaftiert sind (Strafgefangene oder Verurteilte[4]).

Wer sind diese älteren Menschen, was erleben sie im Gefängnis und warum und wie sind sie inhaftiert? Sie befinden sich in 188 Strafvollzugsanstalten mit 30.500 Bediensteten und 103 Sozialen Diensts der Justiz (SPIP) mit fast 5.000 Beschäf-

---

1 Übersetzung aus dem Französischen von Wolfgang Krell.
2 Nelson-Mandela-Regeln für die Behandlung von Gefangenen. «Mit der Resolution A/RES/70/175 hat die Generalversammlung nicht nur den Satz von Mindestnormen der Vereinten Nationen für die Behandlung von Gefangenen in seiner überarbeiteten Form angenommen, sondern auch dessen Bezeichnung «Nelson-Mandela-Regeln» gebilligt, um das Lebenswerk des ehemaligen südafrikanischen Präsidenten zu würdigen, Nelson Rolihlahla Mandela, der aufgrund seines weltweiten Kampfes für Menschenrechte, Gleichheit, Demokratie und die Förderung einer Kultur des Friedens 27 Jahre seines Lebens im Gefängnis verbracht hat», https://www.un.org/fr/events/mandeladay/mandela_rules.shtml (Abgerufen am 15.03.2023).
3 Dieser Beitrag entwickelt einen in Lyon gehaltenen Vortrag weiter. Jean-Rhodain-Lehrstuhl: «Von der Strafe zur Sanktion: Der Weg zu einer harmonischen und sicheren Gesellschaft?» Lyon / 25. bis 27. November 2022, https://fondationjeanrodhain.org/les-colloques/colloque-2022 (Abgerufen am 15.03.2023). Die Autoren danken außerdem Solange Pourveur (Vorsitzende der Vereinigung der französischsprachigen Gefängnisbesucher Belgiens -A.V.F.P.B.), Diete Humblet (Vrij Universiteit Brussel) und Maud Hoestlandt, juristische Leiterin (Contrôleur Général des Lieux de Privations de Liberté-Frankreich), Fabienne Simmons (Gefängnisbesucherin-Belgien) und Réginald de Béco (Gefängnisseelsorger-Belgien) für ihren dokumentarischen und praktischen Input.
4 Strafprozessordnung, Artikel D-50. In diesem Titel bezeichnet das Wort «Inhaftierte» alle Personen, gegen die in einer Strafvollzugsanstalt eine freiheitsentziehende Maßnahme verhängt wurde. Mit Verurteilten werden nur diejenigen bezeichnet, die rechtskräftig verurteilt wurden [...]» In dieser Studie werden also Personen, die sich in Untersuchungshaft oder unter anderen Bedingungen im Freiheitsentzug befinden, nicht berücksichtigt. Alle in diesem Beitrag zitierten Gesetzesartikel, Dekrete oder Verordnungen und ihre ständige Aktualisierung sowie die ministeriellen Rundschreiben finden sich auf der offiziellen Website https://www.legifrance.gouv.fr (Abgerufen am 15.03.2023).

tigten,⁵ die für etwa 72.000 Strafgefangene zuständig sind. Welche Linie verfolgt man in Frankreich in Bezug auf Senioren oder beabsichtigt man zu verfolgen – einem Land, in dem das Mindestalter für eine Inhaftierung 13 Jahre beträgt und in dem „96,4 % der Gefangenen Männer sind, die Hälfte der Inhaftierten unter 33 Jahre alt ist und mehr als einer von fünf unter 25 Jahren alt ist?"⁶

In Ermangelung eines eigenen Vollzugssystems für ältere Häftlinge und außerhalb des Bereichs der allgemein geltenden Gesetze, deren Umsetzung noch angestrebt wird, sowie einiger spezifischer normativer Fortschritte, bleibt eine Tatsache bestehen: Die zunehmende Bedeutung älterer Häftlinge und Missstände in ihrem Leben hinter Gittern werden zunehmend als Verstöße gegen die grundlegende Würde jeder menschlichen Person angesehen, die viele Fragen aufwerfen.

Muss man also den Tod im Gefängnis akzeptieren, einen Alltag ohne Hygiene oder Pflege tolerieren? Sollte man die Mittel für die „Geriatrisierung" der einen oder anderen Abteilung bestimmter Haftanstalten erhöhen? Sollte man eine Altersmischung unter den Gefangenen beibehalten? Sollten sie schneller entlassen werden? Es gibt für diese Gefängnispopulation von Alten und Hochaltrigen noch keine nachhaltigen strukturellen Lösungen, es gibt höchstens Experimente, über die aber noch keine Erfahrungsberichte veröffentlicht sind.

Genau diese Fragen stellen sich, obwohl die von den Vereinten Nationen geförderten Nelson-Mandela-Regeln über die Mindestbehandlung von Strafgefangenen oder Gefangenen bestimmter Kategorien eben das Alter, die körperliche und geistige Gesundheit behandeln und zu Anpassungen in dreifacher Hinsicht tendieren: 1) der Strafe; 2) der Gefängnisstrukturen und 3) der Strafvollstreckung. Die Rechtsprechung des Europäischen Gerichtshofs für Menschenrechte (EGMR) prüft auf ihre Weise dieselben Elemente, während die Inhaftierung (Untersuchungshaft oder Strafvollzug) zwar die Regel bleibt, aber nicht unter allen Umständen.

---

5 Direction de l'Administration pénitentiaire, «Les structures pénitentiaires» (Die Gefängnisstrukturen) (28. Januar 2018). Auf der Website: http://www.justice.gouv.fr/le-ministere-de-la-justice-10017/direction-de-ladministration-penitentiaire-10025/les-structures-penitentiaires-28342.html (Abgerufen am 15.03.2023); Justizministerium, «les chiffres clés de l'administration pénitentiaire» (Schlüsselzahlen der Gefängnisverwaltung) (Juni 2022). Neben fast 83.000 Personen, die sich in Haft befinden, von denen 72.000 in Strafhaft sind, werden fast 170.000 Personen im offenen Vollzug betreut, http://www.justice.gouv.fr/prison-et-reinsertion-10036/les-chiffres-clefs-10041/ (Abgerufen am 15.03.2023); Ministère de la Justice, «Statistiques annuelles du milieu ouvert» (2021). Die statistische Tabelle enthält nur das Durchschnitts- oder Medianalter nach Geschlecht. Es gibt keine Altersgruppierungen, die es ermöglichen würden, zu untersuchen, wer über 50 Jahre alt ist und wer von diesen Personen Betreuung außerhalb des Strafvollzugs profitiert.
6 OIP 2021.

Dabei sind es auch die traditionellen Zwecke, die der Strafe zugewiesen werden, die hinter jedem Einzelfall zum Vorschein kommen und eine Entscheidung für oder gegen eine Haftstrafe in Frage stellen. Wie steht es um die Neutralisierung des älteren Täters, die individuelle Drohung gegenüber dem Täter und der kollektiven Drohung gegenüber der Gesellschaft? Wie steht es um die Vergeltung für seine Tat, die er begangen hat?[7] Oder der allzu oft nicht funktionierenden Besserung (Bildung) durch Wiedereingliederung?

Das Phänomen des Alterns im Strafvollzug, das sich an der Grenze zwischen Ethik und Recht, Praxis und Theorie befindet, ist nicht neu, ebenso wenig wie die Untersuchung der meisten seiner Aspekte. Die vorwiegend amerikanischen oder internationalen Studien[8] (UNO, International Prison Observatory, Rotes Kreuz) haben drei gemeinsame Ausgangspunkte: 1) die Unterscheidung zwischen älteren Straftätern und älteren Inhaftierten[9] 2) die Zunahme der Gefängnispopulation mit besonderen Bedürfnissen, die proportional größer ist als die anderer Gruppen von Straftätern oder Inhaftierten; 3) die Anerkennung einer großen Heterogenität dieses Inhaftiertenteils der Älteren. Sie beziehen sich auf die Gesundheit, die Lebens- und Aktivitätsbedingungen oder den Tod im Gefängnis, die Bedingungen für eine vorzeitige oder nicht vorzeitige Entlassung, die Anpassung der Infrastruktur und die Ausbildung des Gesundheits- und Gefängnispersonals.

In Frankreich wurde das Thema bereits 2001 in der Ausgabe 10 (November) des „Cahier de la démographie pénitentiaire" (Schrift zur Demografie im Gefängnis), einer Veröffentlichung der Direction de l'Administration Pénitentiaire (DAP – Nationale Strafvollzugsdirektion), sowie in einem Dokument des französischen Senats zur vergleichenden Gesetzgebung über die Entlassung älterer Häftlinge behandelt.[10] Im selben Jahr widmete sich die frankophone Referenzzeitschrift „Gérontologie et Société" (Gerontologie und Gesellschaft) dem Thema „Strafe und hohes Alter"[11]. Mit dem Fall Papon, der 2001 vor den EGMR kam, begann in Frankreich eine öffentliche Debatte, die anderswo bereits begonnen hatte, aber

---

7 Morvan 2022, 391.
8 Vito/Wilson, 1985. Bereits 1974 wurde die Zahl von 8 % der Insassen in staatlichen Gefängnissen genannt, was fast 9.000 Personen über 50 Jahren entspricht. Die erste Veröffentlichung, die 1974 erwähnt wurde, stammt aus dem Jahr 1961, siehe: https://www.ojp.gov/ncjrs/virtual-library/abstracts/forgotten-people-elderly-inmates (Abgerufen am 15.03.2023).
9 Vito/Wilson, ebd., 18.
10 Sénat [français], «La libération des détenus âgés» (novembre 2001). Les documents de travail du Sénat. Série Législation comparée, n° LC 98, 16, https://www.senat.fr/lc/lc98/lc98.pdf (Abgerufen am 15.03.2023).
11 Rohrbasser/Moulias/Blanchard, 2001. Gérontologie et Société. Paris: FNG, 3/n° 98, 219 à 237. Veröffentlicht von der Fondation Nationale de Gérontologie (Paris) bis zu ihrer Einstellung im Jahr 2014. Seit 2015 wird die Zeitschrift «Gérontologie et Société» von der Caisse Nationale d'Assurance Vieillesse (CNAV) herausgegeben.

heute in einem globalen Kontext der Überalterung der Bevölkerung und der Langlebigkeit des Einzelnen bei weitem noch nicht abgeschlossen ist.

Eine Bestandsaufnahme in diesem Kontext erfordert daher zunächst, zu definieren und zu bestimmen, wer die älteren Menschen in Haft sind und wie sie dort leben. Anschließend werden die Rechts- und Verwaltungsvorschriften in Frankreich näher beleuchtet.

Wer sind die älteren Menschen im Strafvollzug und wie leben sie?

Ältere oder hochaltrige Inhaftierte

Wer sind die älteren Menschen, um die es hier geht? Anders ausgedrückt: Ab welchem Alter ist man in einer Strafvollzugsanstalt „alt"?[12] Es sind mehrere Perspektiven dazu möglich, die mit der allgemeinen Klassifizierung von Inhaftierten verbunden sind und sich ergänzen.

In Bezug auf die absoluten Zahlen der Gefängnispopulation scheint die Alterung der Bevölkerung der allgemeinen Bevölkerung zu folgen. Der französische Rechtsverteidiger stellt fest: „Frankreich gehört zu den Gesellschaften, die eine zunehmende Alterung ihrer Bevölkerung erleben. […] Nach den Daten des französischen Statistikamtes Insee für das Jahr 2020 wird am 1. Januar 2020 jeder fünfte Einwohner 65 Jahre oder älter sein. […] Dieser Herausforderung müssen wir uns stellen, indem wir daran erinnern, dass Menschen unabhängig von ihrem Alter die gleichen Rechte haben."[13]

In Frankreich gehören etwa 11 % der Gefängnispopulation, d. h. fast 7.200 Personen, zu diesem Anteil der sogenannten älteren oder hochbetagten Inhaftierten. Diese Aussage muss jedoch genauer betrachtet werden: so wird für den Zeitraum 2015 bis 2020 Folgendes festgestellt: „ (…) eine deutlich weniger ausgeprägte Alterung der Inhaftierten im Vergleich zur Bevölkerung in Frankreich."[14]

Relative Zahlen zeigen, dass die wachsende Kohorte der älteren Inhaftierten im Kontext der allgemeinen Zunahme der Gefängnispopulation zu sehen ist. Die sogenannte Population der älteren Inhaftierten hat sich in den letzten 35 Jahren

---

[12] Touraut 2016.
[13] Défenseur des Droits, septembre 2021 ; l'Insee 2021.
[14] Alcon-Lignereux/Kensey 2021.

fast versechsfacht und dies obwohl sich die Gesamtpopulation der Gefängnisinsassen zwischen 1980 und 2019 verdoppelt hat[15].

Dieser Anstieg ist „hauptsächlich auf Effekte zurückzuführen, die die Kriminologie und das Strafrecht betreffen. Innerhalb einer Generation hat das Phänomen durch die gleichzeitige Wirkung einer entsprechenden Erhöhung der Strafdauer und der zunehmenden Kriminalisierung bestimmter Straftaten (insbesondere im Bereich der Sexualstraftaten) ein beträchtliches Ausmaß angenommen"[16]. Unter dem Gesichtspunkt der Kriminalität älterer und hochaltriger Menschen konzentriert sich diese vor allem auf Sexualstraftaten und Unternehmensdelikte im Zusammenhang mit dem Arbeitsrecht sowie auf Betrug und Hochstapelei, die keine Altersgrenze zu kennen scheinen.[17]

In Bezug auf das numerische Alter, das den Eintritt in die Gruppe der älteren Inhaftierten aufzeigt, herrscht keine Einigkeit. Während in der französischen Referenzliteratur das Alter von 50 Jahren als Überschreiten des normalen Erwachsenenalters im Gefängnis angesehen wird, gehen andere Länder von 65 oder 60 Jahren aus.[18] Andere Beobachter im Strafvollzug sehen das Alter, ab dem man Lebensältern in Haft ausgeht, bei über 50 oder über 55 Jahren.[19] In der Praxis beginnt die geriatrische Betreuung in Haft in Frankreich übrigens mit 60 Jahren[20].

Es ist anzumerken, dass man mit solchen Zahlen der Arbeitswelt recht nahe kommt, in der man manchmal sogar schon vor dem 50. Lebensjahr als alt gilt. Dies gilt es auch zu beachten, wenn die bedingte Entlassung weiterhin im Kielwasser der in der Haft geleisteten Arbeit liegt. Im Zusammenhang mit dem Alter und der Tätigkeit in einer Strafvollzugsanstalt gibt es ein sehr interessantes Urteil des EGMR Meier gegen Schweiz vom 9. Februar 2016, in dem zum ersten Mal klargestellt wird [68], dass eine in Haft auferlegte Arbeit über das Rentenalter hinaus, in diesem Fall 70 Jahre, keine „Zwangs- oder Pflichtarbeit" (Artikel 4 EMRK) darstellt, sofern tatsächlich Vorkehrungen getroffen werden [56] und diese Verpflichtung „positive Auswirkungen auf die psychische und soziale Situa-

---

15 Ridel/Touraut 2016.
16 Ebd.
17 Morvan 2022, 272, 274.
18 Strimelle 2022 ; Champ Pénal/ Penal Field, 27, 1–5; Bedard/Metzger/Williams 2016 ; Revue Internationale de la Croix Rouge, n° 903, 90, 94, https://international-review.icrc.org/fr/articles/prisonniers-ages-presentation-des-difficultes-liees-aux-soins-geriatriques-dans-les (Abgerufen am 15.03.2023).
19 Ricordeau 2021.
20 OIP 2022.

tion älterer Inhaftierter" [55] hat und „dem Ziel der Verringerung der schädlichen Auswirkungen der Haft entspricht" [73] [21].

In Studien wird das numerische Alter differenziert gesehen: das Altern im Gefängnis aufgrund der häufig sich kumulierenden Belastungen, vor allem in Bezug auf Gesundheit, Armut und/oder prekäre Lebensumstände, läuft darauf hinaus, dem eigentlichen Geburtsalter noch etwa 10 Jahre hinzuzufügen. Müsste man dann nicht auch zu der Zahl der über 50-jährigen Inhaftierten die über 40-Jährigen hinzufügen, um genauer zu erfassen, wer im Gefängnis ein älterer Mensch ist?

Die Zahlen, die die Direction de l'Administration Pénitentiaire (DAP) den Petits Frères des Pauvres (Kleine Brüder der Armen) zur Verfügung gestellt hat, zeigen, dass es 2019 „470 Strafgefangene über 70 Jahre und 70 über 80 Jahre im Gefängnis gibt"[22]. Diese Zahl von 70 Jahren (und mehr), die den Eintritt in das hohe oder sehr hohe Alter bestimmt, taucht in der Strafprozessordnung (Artikel 729 § 5 über die bedingte Entlassung) und auch in der Begründung eines Gesetzesvorschlags aus dem Jahr 2002 auf, der die Entlassung von Inhaftierten über 70 Jahren mit Kontrolle durch eine elektronische Fußfessel systematisieren soll[23].

In Bezug auf die Unterscheidung zwischen Männern und Frauen scheint die Situation umgekehrt zu sein als in der französischen Gesellschaft, in der es mit zunehmendem Alter mehr Frauen als Männer gibt. Der relative Anteil der über 50-Jährigen ist zwischen 1980 und 2013 in der männlichen Gefängnispopulation um das 2,5-fache (von 4,4 % auf 11,2 %) und in der weiblichen Gefängnispopulation um das 1,9-fache (von 7 % auf 13 %) gestiegen", so Emmanuel Brillet[24].

Unter dem Aspekt der Abhängigkeit, des Autonomieverlusts oder der Verletzlichkeit dieses Teils der Gefängnisbevölkerung zeigten die Zahlen vom 7. September 2015, dass für 185 Inhaftierte eine Hilfe bei der Verrichtung des täglichen Lebens unerlässlich ist. Dies, obwohl gleichzeitig immer weniger Mitarbeiter im Sozialen Dienst, die Hilfe bei den alltäglichen Verrichtungen leisten, in den Haftanstal-

---

21 Meier c. Suisse, Urteil vom 9.2.2016, n°10109/14, https://hudoc.echr.coe.int/fre#{%22itemid%22:[%22001-160424%22]} (Abgerufen am 15.03.2023).
22 Petits Frères des Pauvres, «7 idées reçues sur les personnes âgées en prison – 7 Missverständnisse über ältere Personen in Haft» (7.3.2019), https://www.petitsfreresdespauvres.fr/informer/nos-actualites/7-idees-recues-sur-les-personnes-agees-en-prison (Abgerufen am 15.03.2023).
23 Gesetzesvorschlag vom 22. September 2004 zur Änderung der Strafprozessordnung im Hinblick auf die Entwicklung der elektronischen Überwachung von verurteilten Personen, die älter als 70 Jahre sind. Nationalversammlung, Nr. 1805, https://www.assemblee-nationale.fr/12/propositions/pion1805.asp (Abgerufen am 15.03.2023).
24 Ridel/Touraut 2016.

ten anzutreffen sind. Taubheit und Analphabetismus tragen durch Kommunikationsschwierigkeiten zusätzlich zu dieser Verletzlichkeit bei. In diesem Bereich muss mehr Effektivität angestrebt werden[1].

Ein weiterer aufschlussreicher Kontext ist die Entwicklung des Gefängnisbaus[2], und insbesondere die Schaffung von Haftanstalten, die an das hohe oder sehr hohe Alter und die fehlende Selbstständigkeit im täglichen Leben angepasst sind. So wird eine „Einheit zur Unterstützung und Autonomie (oder Gebäude G)", ein Gebäude, das „ursprünglich gebaut wurde, um alternde Inhaftierte aufzunehmen, die in Zellen für Personen mit eingeschränkter Mobilität (PMR) untergebracht werden müssen", ab 2021 Menschen mit Autonomieverlust aus ganz Frankreich aufnehmen[3]. Das Experiment ist zwar interessant, aber noch nicht verbreitet, obwohl es angeblich 472 Zellen für Personen mit eingeschränkter Mobilität in 90 Anstalten gibt.[4]

Was schließlich die grundlegenden und logischen Kategorien betrifft, so werden in ausländischen Studien drei Kategorien von älteren oder sehr alten Inhaftierten genannt, die mit denselben Problemen bei der künftigen Eingliederung und Resozialisierung zu kämpfen haben: 1) junge Verurteilte, die im Gefängnis alt werden; 2) Gewohnheitsverbrecher, die ihr ganzes Leben lang im Justiz- und Strafvollzugssystem ein- und ausgehen. Bei ihnen sind chronische Gesundheitsprobleme und Süchte (insbesondere Drogen) besonders auffällig. Ihr beruflicher Werdegang ist chaotisch und ihre familiären oder sozialen Bindungen sind oft schwach; 3) ältere oder sehr alte Menschen, die zum ersten Mal in ihrem Leben in einer Strafvollzugsanstalt inhaftiert sind.

Sie werden oft aufgrund von neuen DNA-Analysen von der Justiz verfolgt und verurteilt und befinden sich am Ende ihrer Laufbahn von Sexualkriminalität. Ihre Anpassung an das Leben in der Haft ist hart und ihre Beziehungen zu den anderen Insassen schwierig. Gefangenenverbände berichten auch vom Auslösen eines kognitiven Verfalls bei diesen Personen, die im hohen oder sehr hohen Alter zum ersten Mal die Haft erleben.[5] Bei anderen Verbrechen oder Vergehen kann die Beziehung zu den anderen Inhaftierten besser sein.

---

1 CGLPL 2022.
2 Laurent/Touraut 2016.
3 CGLPL 2016.
4 Schreiben der Minister für Solidarität und Gesundheit sowie der Justiz vom 17. Mai 2021 als Antwort auf die Dringlichkeitsempfehlungen der CGLPL vom 16. April 2021, J.O.R.F., 18. Mai 2021, 3.
5 Die Autoren danken Alain Koskas, dem Präsidenten der Internationalen Föderation der Vereinigungen älterer Menschen (FIAPA), für seine Anregungen.

Der Alltag älterer Menschen in Strafvollzugsanstalten

Das Rundschreiben vom 21. Februar 2012[6] schreibt eine angemessene und geeignete Unterbringung insbesondere in Abhängigkeit vom Alter vor – berücksichtigt dabei aber nicht die Überbelegung in den Haftanstalten, die vieles unwirksam macht und viele Aspekte der Haft noch verschärft.[7] Im Hinblick auf die internationalen Mindeststandards für die Behandlung von Gefangenen (Nelson-Mandela-Regeln[8]) können drei Bereiche unterschieden werden, die die Erfahrungen älterer Menschen in Haft widerspiegeln. Sie lassen sich auch aus der Rechtsprechung des EGMR ableiten, der den Staat verurteilt, wenn er nicht für minimale und menschenwürdige Haftbedingungen sorgt.[9]

■ Der Bereich der körperlichen Mobilität

Zwar wird im neuen Strafvollzugsgesetzbuch von 2022 (Artikel R321-1) an die Aufrechterhaltung der Mobilität erinnert, doch nimmt diese bei älteren Häftlingen aufgrund bestimmter Auswirkungen, die in der Haft noch verstärkt werden, tendenziell ab: Ältere Häftlinge gehen nicht mehr für den Ausgang nach unten und bleiben den ganzen Tag in ihrer Zelle, oft in ihrem Bett, und sehen fern. Der Rhythmus des Alltags in der Anstalt und der Möglichkeit von Hofgängen wirkt sich ebenfalls aus. Dies führt zu einem Verlust an Selbstständigkeit.

---

6   Ministère de la justice et des libertés, 2012; NOR: JUSK1240006C, Bulletin Officiel du Ministère de la Justice et des Libertés, 5: «Das Orientierungsverfahren besteht darin, alle Informationen über den Verurteilten zu sammeln: sein Geschlecht, sein Alter, seine Strafkategorie, seine Vorgeschichte, seinen körperlichen und geistigen Gesundheitszustand, seine Persönlichkeit, seine Fähigkeiten, seine Möglichkeiten zur sozialen Wiedereingliederung, seine familiären Bindungen, d. h. ganz allgemein alle Informationen, die die zuständige Behörde bei der Entscheidung über die am besten geeignete Zuweisung informieren können (Artikel D. 74 CPP) [...] Die Orientierung soll eine dynamische Verwaltung der Haftzeit ermöglichen und die Wiedereingliederung der Verurteilten vorbereiten», http://www.textes.justice.gouv.fr/art_pix/JUSK1240006C.pdf (Abgerufen am 15.03.2023).
7   CGLPL, 17. Dezember 2018; NOR: CPLX1830858V, J.O.R.F., 22. November 2018, 1–3. Der Druck, den die Überbelegung auf die Lebensbedingungen älterer Häftlinge ausübt, wirft die Frage nach dem Leben der Mitgefangenen, ihrem Platz bei der alltäglichen Hilfe, der Promiskuität mit einer älteren Person und den schwierigen Aspekten dieser Person auf (Inkontinenz, Hygienemängel, chronische Erkrankungen, geriatrische Syndrome (Stürze, kognitive Beeinträchtigungen, Demenz, sensorische Beeinträchtigungen, Depressionen, Suizidgedanken usw.). Daraus ergibt sich, dass der ältere Häftling entweder häufig seine Zelle mit einem anderen Häftling teilt, der ihm in 43 % der Fälle hilft, oder er ist in einer Zelle isoliert, in der er meist nicht die nötige Hilfe erhält (23 %). Derzeit gibt es in Frankreich 60.700 Plätze in Strafanstalten für fast 72.000 Inhaftierte.
8   ONUDC 2020, 28.
9   Dazu gehört auch das Urteil J.M.B. und andere gegen Frankreich (Antrag Nr. 9671/15 und 31 andere) vom 30. Januar 2020. Der Europäische Gerichtshof für Menschenrechte stellt in Bezug auf bestimmte Haftanstalten in Frankreich und Übersee einstimmig fest, dass gegen Artikel 13 (Recht auf einen wirksamen Rechtsbehelf) und Artikel 3 (Verbot der unmenschlichen oder erniedrigenden Behandlung) der EMRK verstoßen wurde, da die Haftbedingungen unwürdig waren (Hygiene, Enge) und es keine Möglichkeit eines wirksamen Rechtsbehelfs gab, der die verantwortlichen Behörden zum Handeln veranlasst hätte. Die in diesem Beitrag zitierten Urteile des EGMR sind zu finden unter https://hudoc.echr.coe.int/fre#{%22documentcollectionid2%22:[%22CHAMBER%22]} (Abgerufen am 15.03.2023).

- **Der Bereich der körperlichen und geistigen Gesundheit**[10]

Dieser Bereich ist mit der körperlichen Mobilität und der funktionalen Autonomie verbunden und bezieht sich auch auf die sozialen, wirtschaftlichen und spirituellen Ressourcen der Personen.[11] Es ist bekannt, dass der Freiheitsentzug emotional und affektiv schwierig ist. Bei älteren Gefangenen können altersbedingte Einschränkungen oder Schwierigkeiten im körperlichen, kognitiven oder willensmäßigen Bereich zu Erniedrigung, Verachtung und Unterlegenheit führen, wenn z. B. der Gefangene nicht hören kann, sich schlecht und langsam bewegt, sich mit seinen Aussagen ständig wiederholt oder an Gedächtnisverlust leidet. Im Allgemeinen verschlechtert sich der Zustand eines älteren Inhaftierten noch schneller als der eines älteren Menschen in der Gesellschaft außerhalb des Gefängnisses.

- **Der Bereich der räumlichen Organisation in den Haftanstalten**[12]

Dieser Bereich ist beeinflusst durch sehr einfach zu beobachtende Elemente wie „schlechte Beleuchtung, steile Treppen, schlecht beleuchtete Gänge, Etagenbetten, zu hohe Betten und zu niedrige Toiletten"[13]. Alles dies sind Elemente, die eine funktionelle Autonomie des älteren oder behinderten Menschen in einem Gefängnisumfeld verhindern, das nie als Pflegeeinrichtung, sei es als Palliativzentrum oder als Seniorenpflegeheim, geplant wurde.

Der Generalkontrolleur für Einrichtungen mit freiheitsentziehenden Maßnahmen (CGLPL) wies 2021 darauf hin, dass es keine Strafrechtspolitik oder interministerielle Überlegungen zu „angepassten Betreuungsformen gibt, obwohl die Überalterung der Gefängnispopulation ein bekanntes Phänomen ist.[14] Auch die OIP – Internationale Beobachtungsstelle für Strafvollzugsanstalten – betont dies in einem ganz aktuellen Bericht aus dem Jahr 2022.[15] Dies zeigt sich auch im positiven Recht.

---

10 Mandela-Regel Nr. 25.1: «Jedes Gefängnis muss über einen medizinischen Dienst verfügen, der für die Beurteilung, die Förderung, den Schutz und die Verbesserung der körperlichen und geistigen Gesundheit der Gefangenen zuständig ist, wobei besonderes Augenmerk auf diejenigen zu richten ist, die besondere Bedürfnisse oder gesundheitliche Probleme haben, die ein Hindernis für ihre Wiedereingliederung darstellen.»

11 Dieser Aspekt der spirituellen Ressourcen nimmt im hohen Alter oft einen wichtigen Platz ein. In dieser Hinsicht muss jeder Häftling «den Anforderungen seines religiösen, moralischen oder spirituellen Lebens gerecht werden können» (Artikel R 351–1 bis R352–9 des Strafvollzugsgesetzes von 2022), insbesondere durch die Ausübung eines Kultes (Artikel 26 des Strafvollzugsgesetzes von 2009).

12 Mandela-Regel Nr. 5.2: «Die Gefängnisverwaltungen müssen alle angemessenen Vorkehrungen und Anpassungen vornehmen, um sicherzustellen, dass Gefangene mit körperlichen, geistigen oder anderen Behinderungen in gleicher Weise vollen und wirksamen Zugang zum Gefängnisleben haben».

13 Bedard/Metzger/Williams 2016, 91.

14 CGPL 2016, 3.

15 OIP 2022, 65.

Das französische Recht in Bezug auf ältere Menschen in Haftanstalten

In Ermangelung einer spezifischen Regelung für das hohe Alter gibt es noch zu wenige Normen, die sich mit dem Alter (oft in Verbindung mit einer Behinderung) in Haft oder mit der Ausgestaltung des Strafvollzugs befassen. Dies erfordert eine Untersuchung der allgemeinen Normen, um herauszufinden, was für ältere Menschen relevant ist.

Das Fehlen einer spezifischen Regelung

In Frankreich gilt in Ermangelung einer Sonderregelung oder einer konsolidierten Regelung, die sich aus dem ganz neuen Strafvollzugsgesetzbuch von 2022, dem Strafgesetzbuch von 1994 oder der Strafprozessordnung von 1958 und ihren späteren Entwicklungen ergeben würde, ein einfacher Grundsatz: Das französische Recht nutzt die rechtliche Fiktion des Alters der inhaftierten Personen, um (wie in Zivilsachen) zwischen der Strafvollzugsregelung für Minderjährige und der für alle anderen Häftlinge geltenden Regelung für Volljährige zu unterscheiden. So gibt es zwar spezielle Bestimmungen für die Gestaltung der Strafe, den Strafvollzug oder die Entlassung aus dem Gefängnis, je nachdem, ob der Minderjährige zwischen 13 Jahre bis 16 Jahre alt, zwischen 16 Jahre bis 18 Jahre oder älter als 18 Jahre ist,[16] aber jede erwachsene Person ist strafmündig.

Auf dieser Grundlage ist die Inhaftierung wie bei allen Erwachsenen ein Grundsatz, von dem nur bei individuellen Situationen abgesehen wird, die durch das Recht und die Rechtspraxis auf der Grundlage von Texten, die weitgehend alle inhaftierten Personen oder Menschen mit Behinderungen betreffen, bestehen. Dies wird im Übrigen durch die Rechtsprechung des EGMR bestätigt, der bei schweren Verbrechen (Völkermord, Krieg, Verbrechen gegen die Menschlichkeit) oder im Rahmen von Fällen des organisierten Verbrechens tätig wird.[17]

---

16 CJPM 2019.
17 Neben dem Fall Papon (Urteil Papon gegen Frankreich (Antrag Nr. 64666/01) vom 7. Juni 2001 (Alter: 91 Jahre), in zwei Fällen, die internationale Verbrechen der gleichen Art betrafen und die 2001 vor den EGMR gebracht wurden (Urteil Priebke gegen Frankreich (Antrag Nr. 64666/01) vom 7. Juni 2001 (Alter: 91 Jahre)). Italien (Antrag Nr. 48799/99), 5. April 2001 (Alter 88 Jahre); Sawoniuk gegen Vereinigtes Königreich (Antrag Nr. 63716/00), 29. Mai 2001 (Alter 79–80 Jahre)) wird bei älteren und sehr alten Männern zum ersten Mal eine so schwere Strafe vollzogen, deren Dauer die durchschnittliche Lebensdauer überschreitet, für schwerwiegende Taten und nachdem sie sich für eine sehr lange Zeit jedem Urteil oder jeder Verurteilung entzogen haben. Diese Anträge werden als unzulässig erachtet. Für mafiaähnliche organisierte Kriminalität: Urteil Contrada v. Italien (Antrag Nr. 7509/08) vom 11. Februar 2014; Enea v. Italien (Antrag Nr. 74912/01) vom 17. September 2009.

In Artikel 22 des Strafvollzugsgesetzes vom 24. November 2009 heißt es allgemein: „Die Strafvollzugsverwaltung garantiert allen inhaftierten Personen die Achtung ihrer Würde und ihrer Rechte. Die Ausübung dieser Rechte darf nur eingeschränkt werden, wenn dies aufgrund der mit der Haft verbundenen Zwänge, der Aufrechterhaltung der Sicherheit und Ordnung der Anstalten, der Verhinderung von Rückfällen und des Schutzes der Interessen der Opfer erforderlich ist. Diese Einschränkungen berücksichtigen das Alter, den Gesundheitszustand, eine Behinderung und die Persönlichkeit der inhaftierten Person." Dies ist ein erster Schritt in Richtung internationaler UN-Standards für Häftlinge mit besonderen Bedürfnissen, die sich mit angepasster Unterbringung, Zugang zu Gesundheitsdiensten und der Vermeidung von Missbrauchsrisiken durch andere Häftlinge befassen.[18]

Die anwendbaren allgemeinen oder spezifischen Bestimmungen

Allerdings gibt es allmählich Anpassungen in den nationalen Gesetzen, sei es in Bezug auf die Gefängnisgebäude und die Alltagsorganisation im Vollzug, den Zugang zur Gesundheitsversorgung im Gefängnis oder auch die Strafvollzugsplanung.

▪ Die Anpassung der Gefängnisgebäude

Im Bereich der Gefängnisbauten wurde der Artikel 22 des Strafvollzugsgesetzes vom 24. November 2009 in den Erlassen vom 4. Oktober 2010 und 29. Dezember 2016 über die Zugänglichkeit für Menschen mit Behinderungen in neuen (2010) und bestehenden (2016) Strafvollzugsanstalten umgesetzt. Sie befassen sich mit der Anpassung an Standards, um den Bedürfnissen von Menschen mit Behinderungen und damit indirekt auch den Fragen im Zusammenhang mit dem Verlust der Selbstständigkeit älterer Häftlinge gerecht zu werden. Die Umsetzung wird jedoch als verspätet oder als gar nicht vorhanden angesehen[19]. Darüber hinaus hat nur knapp jede zweite Einrichtung die Norm von 3% bis 1% der Zellen (bezogen auf die Größe der Einrichtung) erfüllt, die speziell für die Unterbringung von Personen mit eingeschränkter Mobilität eingerichtet sind[20].

▪ Zugang zu Betreuung und Pflege während der Haftzeit

Die Umsetzung von Artikel 22 des Strafvollzugsgesetzes vom 24. November 2009 hat auch zur Veröffentlichung eines methodologischen Leitfadens geführt,

---

18 ONUDC 2009, 51.
19 OIP 2022, 59.
20 Ebd.

in dem die Rechte im Bereich des Gesundheitsschutzes in Form von Kurzdarstellungen behandelt werden. Das Gesetz vom 26. Januar 2016 definiert die nationale Gesundheitspolitik neu, die darauf abzielt, das Recht jedes Einzelnen auf Schutz seiner Gesundheit zu gewährleisten, und enthält Bestimmungen zur Gesundheit im Strafvollzug, die insbesondere die Diagnose von Erkrankungen und Belastungen bei Haftantritt und die Politik der Risiko- und Schadensminderung betreffen. Es gibt jedoch keine Bestimmungen, die sich speziell mit fortgeschrittenem oder hohem Alter im Strafvollzug befassen.

In Heft 8 des Methodischen Leitfadens (Ausgabe 2019) wird auf das Problem älterer und behinderter Häftlinge eingegangen: „Aus der Perspektive der Prävention des Autonomieverlusts ist es interessant, den Begriff der Gebrechlichkeit zu berücksichtigen, der ein Zeichen für mögliche riskante Ereignisse (Behinderung, Sturz, Krankenhauseinweisung, Heimeinweisung, Sterblichkeit), aber auch ein potenziell reversibler Zustand ist. Multidisziplinäre geriatrische Interventionen und Maßnahmen wie körperliche Bewegung können das Risiko eines Abgleitens in den Verlust der Selbstständigkeit verringern. Die Erkennung von Gebrechlichkeit kann dazu beitragen, Risikopersonen zu identifizieren, die von präventiven Maßnahmen profitieren können."[21]

Sobald die Gebrechlichkeit erkannt wurde, betrifft die Betreuung zahlreiche Aspekte, die auf eine individuelle Berücksichtigung des hohen Alters in der Haft hinweisen:
- Medizinische und medizinnahe Aspekte: tägliche Pflege, insbesondere im Rahmen von Langzeiterkrankungen und Polypharmazie, Impfungen, die aufgrund des Alters und der Haftbedingungen notwendig sind; Zugang zu medizinischen Geräten (Anti-Dekubitus-Matratze, Rollstuhl, Gehhilfe, Toilettenaufsatz etc.)
- Alltägliche Aspekte der Haft: Hilfen zum Leben im Alltag und bei Grund-Pflege oder technischer Ausstattung für Pflege, die auf ärztliche Anordnung von einem ambulanten Pflegedienst oder einem ambulanten Betreuungs- und Hilfsdienst (SAAD) zu leisten sind, einschließlich der Anpassung der Zelle oder einer anderen Verlegung innerhalb der Haftanstalt;
- Administrative und finanzielle Aspekte[22]: Maßnahmen während der Haft und der Entlassungsvorbereitung: verwaltungsmäßige Zuordnung, Zugang zur Ausgleichsleistung PCH (Leistungen der Behindertenhilfe) oder der per-

---

21 Ministère des Solidarité et de la Santé, Ministère de la Justice 2019.
22 Wenn die Kosten für einen Tag Haft in Frankreich auf 105 EUR geschätzt werden, muss ein Häftling monatlich etwa 200 EUR aufbringen, um ein menschenwürdiges Leben führen zu können. OIP, französische Sektion, Kantine im Gefängnis 2022.

sönlichen Autonomiebeihilfe APA (Grundsicherung), Überweisung in eine Einrichtung wie z. B. ein Pflegeheim. Dies wird beispielsweise auch eine Rechtsschutzmaßnahme oder eine Strafmilderung betreffen.

In der Praxis kommen jedoch nur wenige ältere Häftlinge in den Genuss dieser Leistungen.[23] Einerseits ist Unterstützung von außen erforderlich, die selten vorhanden ist, z. B. um die Unterlagen für einen Antrag auf PCH oder APA zu beschaffen.[24] Andererseits fehlt es oft auch an innerer Unterstützung. Der Sozialdienst der Justiz im Strafvollzug (Service Pénitentiaire d'Insertion et de Probation – SPIP) hat selten Zeit, sich um die Situation der Hochaltrigen zu kümmern, die den Zugang zu Informationen und die Verfügbarkeit der zuständigen Stellen erfordert, um die notwendigen Schritte zu unternehmen. So sind die tägliche Gesundheitspflege und ihre regelmäßige Überwachung oder die Notfallversorgung, die Überwachung von Mehrfacherkrankungen oder eine psychologische oder psychiatrische Betreuung, insbesondere angesichts der Angst, in der Haft zu sterben, oder auch die Verlegung älterer Häftlinge nach draußen oder die Organisation von Palliativpflege nur schwer umzusetzen. Ganz zu schweigen von der Beschaffung von Brillen, Zahnersatz, Prothesen, Schlingen oder Anti-Dekubitus-Material, sowie den häufigen Absagen von Beratungsterminen und Überstellungen. Das Personal ist zudem kaum für die Besonderheiten der geriatrischen Behandlung ausgebildet.

■ Die Strafanpassung für ältere Menschen in Haft

Grundsätzlich heißt es in Artikel 132-1 des Strafgesetzbuches: „Jede vom Gericht verhängte Strafe muss individualisiert werden. Innerhalb der gesetzlich festgelegten Grenzen bestimmt das Gericht die Art, die Höhe und das Verfahren der verhängten Strafen entsprechend den Umständen der Straftat, der Persönlichkeit des Täters sowie seiner materiellen, familiären und sozialen Situation und in Übereinstimmung mit den in Artikel 130-1 genannten Zielen und Funktionen der Strafe."[25] Die Strafmilderung, die ebenfalls diesen Grundsätzen folgt, ist

---

23 CGLPL 2021, 1.
24 Zu den Dokumenten, die von Personen mit französischer Staatsangehörigkeit beantragt werden müssen, gehören: Fotokopie des Familienbuchs oder des Personalausweises, eines Reisepasses oder einer Geburtsurkunde; bei Antragstellern mit ausländischer Staatsangehörigkeit Fotokopie der Aufenthaltsgenehmigung oder des Aufenthaltstitels, Fotokopie des letzten Einkommensteuerbescheids oder des Bescheids über die Nichtveranlagung; ggf. Belege für Vermögenswerte oder Kapital, bzw. Grundbesitz (Fotokopie des letzten Steuerbescheids für bebaute und unbebaute Grundstücke, Beleg einer Lebensversicherung usw.), Girokontoauszug.
25 Artikel 130-1 des Strafgesetzbuchs: «Um den Schutz der Gesellschaft zu gewährleisten, die Begehung neuer Straftaten zu verhindern und das soziale Gleichgewicht unter Wahrung der Interessen des Opfers wiederherzustellen, hat die Strafe folgende Funktionen: 1. den Straftäter zu bestrafen; 2. seine Besserung, Eingliederung oder Wiedereingliederung zu fördern». Es stellt sich die Frage, in welchen Fällen solche Ziele und Funktionen der Strafe mit der Situation von älteren oder sehr alten Verurteilten in Verbindung gebracht werden können. CGLPL, Stellungnahme vom 17. September 2018, 1.

sowohl ein Recht als auch eine Ausnahme (bei strikter Auslegung) für alle Personen, die „einen veränderten körperlichen oder geistigen Gesundheitszustand aufweisen und/oder eine besondere medizinische Betreuung benötigen".[26] Bei älteren Menschen werden diese Anpassungen jedoch nicht beantragt oder meistens abgelehnt, außer am Ende des Lebens.[27]

Konkrete Regelungen als Beispiel

Es ist jedoch angebracht, drei der fünf bestehenden Regelungen[28] – die Aussetzung der Strafe aus gesundheitlichen Gründen, bedingte Entlassung und die elektronische Überwachung – zu untersuchen, um Innovationen hervorzuheben, die für ältere und sehr alte Inhaftierte gangbare Wege darstellen, auch wenn sich der Anteil der Personen, die zwar inhaftiert, aber nicht in Strafhaft sind, bis 2020 bei 14 % der 82.860 Personen in Haft (bei eben dann 71.000 Strafgefangenen) stabilisiert zu haben scheint.[29]

Alle drei haben gemeinsam, dass sie sich auf den Gesundheitszustand in Haft, die Unterbringungsbedingungen und die finanzielle Unterstützung, die eine Entlassung aus der Haft ermöglichen, konzentrieren sowie auf die zentrale proaktive Rolle, die von der zuständigen Gesundheitsabteilung in der Anstalt (USMP) erwartet wird. Dabei geht es darum,

- die gesundheitlichen Belastungen zu ermitteln, die einem Antrag auf Vollzugsanpassung zugrunde liegen (somatische oder psychische Erkrankung, lebensbedrohlich oder nicht lebensbedrohlich, Verlust der Selbstständigkeit bei einer Person über 60 Jahren, Behinderung etc.),
- die Art der Betreuung zu bestimmen, die angesichts des Gesundheitszustands der Person angemessen erscheint,
- Hilfe bei der Erstellung der Antragsunterlagen, insbesondere durch Ausfüllen des medizinischen Teils (für eine Person ab 60 Jahren mit Autonomieverlust: APA-Antragsunterlagen, Antragsunterlagen für die Aufnahme in ein Pflegeheim) und ggf. der Antragsunterlagen für die Sozialhilfe für die Unterbringung sowie Organisation der Kontinuität der Versorgung bei der Entlassung in Verbindung mit dem koordinierenden Arzt der aufnehmenden Einrichtung.

---

26 Guide méthodologique 2018.
27 OIP 2021, 60 ; CGLPL, Avis du 17 septembre 2018, 6.
28 Von den fünf Regelungen scheinen die Fremdunterbringung und das Halbfreiheitsregime nicht häufig genannt zu werden oder Gegenstand neuerer Bestimmungen speziell für ältere Menschen gewesen zu sein.
29 Alcon-Lignereux/Kensey 2021, 1–2.

Das Verlassen der Einrichtung kann sich als sehr schwierig erweisen, da man dort trotz der Unangepasstheit Gewohnheiten angenommen hat. Andererseits ist es schwierig, wieder ein Zuhause zu finden (das eigene Haus, die Aufnahme bei der Familie oder einem Verwandten, ein Altersheim, eine stationäre Einrichtung für soziale Wiedereingliederung)[30] und es erfordert auch, dass das Gesundheitsproblem, das in den meisten Fällen ja Grund für die Anpassung der Strafe ist, in Einrichtungen behandelt wird, die bereits Schwierigkeiten haben, ihre normalen Bewohner bzw. Patienten zu versorgen. Dies führt dazu, dass die Inanspruchnahme und der Erhalt von solchen Maßnahmen selten sind.

■ Aussetzung der Strafe aus gesundheitlichen Gründen

Artikel 720-1-1 der Strafprozessordnung sieht in seinem ersten Absatz folgendes vor: „Sofern nicht die ernste Gefahr einer Wiederholung der Straftat besteht, kann die Aussetzung der Strafe unabhängig von der Art der Strafe oder der Dauer der noch zu verbüßenden Strafe für einen nicht festzulegenden Zeitraum auch bei Verurteilten angeordnet werden, die nachweislich an einer lebensbedrohlichen Erkrankung leiden oder deren körperlicher oder geistiger Gesundheitszustand dauerhaft mit dem Verbleib in der Haft unvereinbar ist."

Darunter fallen Krankheiten, die mit Krebs, einer HIV-Infektion oder einer dialysepflichtigen Nierenerkrankung zusammenhängen, was nicht bei allen älteren Menschen in Haft der Fall ist. Die Rechtsprechung des EGMR zu älteren Strafgefangenen bestätigt diese Position: Allein die Tatsache des Alters, selbst wenn es weit fortgeschritten ist, stellt keine Krankheit dar und selbst eine Mehrfacherkrankung rechtfertigt keine Strafmilderung. Umgekehrt stellt die Verlängerung durch eine Sicherheitsmaßnahme, ohne dass diese vom urteilenden Gericht mit der ursprünglichen Strafe verhängt wurde, eine Verletzung der Rechte des Antragstellers dar, unabhängig von seinem Gesundheitszustand[31]. Nur wenn eine bestimmte Schwere erreicht ist und die Umstände darauf hindeuten, dass der Staat es versäumt hat, besondere, lebenswichtige Maßnahmen für das Wohlergehen und die Gesundheit des inhaftierten älteren Menschen zu ergreifen, wird

---

30 OIP 2021, 66.
31 In Bezug auf sie stellt der Gerichtshof fest, dass die EMRK die Inhaftierung einer Person im hohen Alter nicht verbietet, dass dies jedoch für den Staat eine besondere Verantwortung und eine positive Verpflichtung mit sich bringt, Maßnahmen zu ergreifen, um das Wohlergehen von Personen, denen die Freiheit entzogen ist, zu gewährleisten. Urteil Haidn gegen Deutschland (Antrag Nr. 6587/04) vom 13. Januar 2011 (Alter 77 Jahre). Eine anhängige Klage Volintiru gegen Italien (Klage Nr. 8530/08) wird interessant sein, da sie sich auf Artikel 2 (Recht auf Leben) und die unterlassene Pflege bezieht, die aufgrund der Unangemessenheit der Pflege zur Haftung der Gesundheitsbehörde führt (85-jährige Person).

eine Verletzung der Rechte des inhaftierten älteren Menschen festgestellt (Artikel 3 EMRK – unmenschliche oder erniedrigende Behandlung)[32].

▪ Bedingte Entlassung

Im Bereich der bedingten Entlassung befasst sich ein spezieller Text mit der Situation von Personen über 70 Jahren und den Bedingungen für ihre Entlassung, die aufgrund der Rechtsprechung im Übrigen mit den in Artikel 730-2 der Strafprozessordnung festgelegten Bedingungen kumulierbar sind[33], was ihre Umsetzung noch schwieriger macht.

Artikel 729 Absatz 5 der Strafprozessordnung sieht nämlich folgendes vor: „Die bedingte Entlassung kann gewährt werden, wenn die Eingliederung oder Wiedereingliederung des Verurteilten gewährleistet ist, insbesondere wenn er bei seiner Entlassung aus der Strafvollzugsanstalt eine seiner Situation angepasste Betreuung erhält oder eine Unterkunft nachweisen kann, es sei denn, es besteht die ernsthafte Gefahr einer Wiederholung der Straftat oder die Entlassung könnte eine ernsthafte Störung der öffentlichen Ordnung verursachen."[34]

Dieser Text wirft viele Fragen hinsichtlich seiner Anwendbarkeit auf. So z. B.: Warum das Alter von 70 Jahren? Welche Betreuung ist für eine ältere Person geeignet, die auf Bewährung aus dem Gefängnis entlassen wird? Entweder kann sie nach Hause zurückkehren und ist allein in der Lage, das Leben und praktisch auch das Lebensende selbst zu bewältigen, indem sie bedingt entlassen wird. Dies setzt voraus, dass Schritte unternommen wurden, um Rentenansprüche oder eine Form der Unterstützung im Alter geltend zu machen, und zwar während sie inhaftiert ist. Sehr viel seltener wird der ältere Mensch bei einem Verwandten aufgenommen oder noch in einem Pflegeheim oder einer ähnlichen Einrichtung akzeptiert. Familie und Verwandte sind selten vorhanden oder selbst alt.

Abgesehen von dieser Sonderbestimmung (für Personen zwischen 50 und 70 Jahren, die desozialisiert und gesundheitlich angeschlagen sind) erscheinen die in Artikel 729 der Strafprozessordnung festgelegten Bedingungen illusorisch, da das hohe Alter die Bedingungen irrelevant oder unerreichbar macht: „[...] Verurteilte, die eine oder mehrere freiheitsentziehende Strafen zu verbüßen haben,

---

32 Urteil Farbtuhs gg Lettland (requête n°4672/02) du 2 décembre 2004 (88 Jahre alt).
33 Crim. 14 avril 2021, n° 20-81.177 P. Bei Actualités Dalloz: https://www.dalloz-actualite.fr/sites/dalloz-actualite.fr/files/resources/2021/05/20-81.177.pdf (Abgerufen am 15.03.2023).
34 Er wurde nicht wegen Straftaten verurteilt, die in den Bereich des Terrorismus fallen. Art. 421-1 bis 421-6 des Strafgesetzbuchs, mit Ausnahme von Personen, die wegen Taten verurteilt wurden, die unter die Artikel 421-2-5 bis 421-2-5-2 desselben Gesetzbuchs fallen.

können bedingt entlassen werden, wenn sie ernsthafte Bemühungen um eine Wiedereingliederung zeigen und wenn sie Folgendes nachweisen können: 1. eine Berufstätigkeit, ein Praktikum oder eine befristete Beschäftigung ausüben oder an einer Schul- oder Berufsausbildung teilnehmen oder 2. fest in ihrer Familie integriert sind oder 3. sich einer medizinischen Behandlung unterziehen müssen; 4. sich bemühen ihre Opfer zu entschädigen; 5. sich ernsthaft an anderen Maßnahmen der Eingliederung oder Wiedereingliederung beteiligen."

Diese Ungeeignetheit für ältere Häftlinge erklärt zum Teil die geringe Inanspruchnahme dieser Maßnahme.[35] Hinzu kommt, dass der Oberste Gerichtshof die Rückfallgefahr oder die Störung der öffentlichen Ordnung bei einer bedingten Entlassung auch bei einem älteren Angeklagten weiterhin streng auslegt.[36]

▪ Vollzug der Strafe mit elektronischer Überwachung

Seit der Reform des Strafgesetzbuches von 2019 muss der Richter gemäß Artikel 132-25 diese in Artikel L-424-1 ff. des Strafvollzugsgesetzes vorgesehene Maßnahme als Strafe aussprechen, wenn das Maß des Freiheitsentzugs in einer Strafvollzugsanstalt weniger als 6 Monate beträgt. Darüber hinaus legt Artikel 131-36-10, 131-36-12-1 des Strafgesetzbuchs für höhere Strafen die Bedingungen fest, unter denen ein Vollzug der Strafe mit elektronischer Überwachung ausgesprochen werden kann.[37] In allen anderen Fällen gelten die in Artikel 131-1 des Strafgesetzbuchs vorgesehenen Strafen, die auch den elektronisch überwachten Hausarrest umfassen (131-1, 5°).

Vorbehaltlich einer eingehenden Prüfung der Rechtsprechung können diese Maßnahmen ältere oder sehr alte Häftlinge begünstigen. Sie müssen sie beim Strafvollstreckungsgericht (TAP) gemäß Artikel 712-6 der Strafprozessordnung beantragen. Möglich sind auch die in Artikel 712-8 der Strafprozessordnung vor-

---

35 Laurent/Touraut 2016, 5; OIP 2021, 64–66.
36 Mit dem angefochtenen Urteil gewährte die Strafvollstreckungskammer M. [H], der eine 15-jährige Zuchthausstrafe verbüßt, die wegen einer Straftat verhängt wurde, die mit einer sozialgerichtlichen Nachsorge belegt ist (Vergewaltigung und schwere sexuelle Übergriffe im vorliegenden Fall), eine bedingte Entlassung, ohne dass diese mit einer mobilen elektronischen Überwachung einhergeht und ohne dass zuvor eine Probezeit in Form einer Halbfreiheit, einer Unterbringung im Freien oder einer Hausarrestmaßnahme stattgefunden hat. 12. Mit dieser Entscheidung hat die Strafvollstreckungskammer die oben genannten Texte verkannt.
37 Artikel 131-36-10 des Strafgesetzbuchs: «Die Unterbringung unter mobiler elektronischer Überwachung kann nur gegen eine volljährige Person angeordnet werden, die zu einer Freiheitsstrafe von sieben Jahren oder mehr oder, wenn die Person wegen eines Verbrechens oder Vergehens verurteilt wurde, das erneut im Zustand der gesetzlichen Rückfälligkeit begangen wurde, von fünf Jahren oder mehr verurteilt wurde und deren Gefährlichkeit durch ein medizinisches Gutachten festgestellt wurde, wenn diese Maßnahme ab dem Tag, an dem der Freiheitsentzug endet, zur Verhinderung von Rückfällen unerlässlich erscheint.» Eine eingehende Studie würde zeigen, welche älteren oder sehr alten Häftlinge oder Verurteilten von dieser Art von Strafe betroffen sind und wie praktikabel ihre Vollstreckung ist (Artikel 131-36-13 des Strafgesetzbuchs) und für welche Art von Straftaten.

gesehenen zeitlichen Anpassungen, deren Entscheidung sogar an die Leitung der Strafvollzugsanstalt delegiert werden kann, die besser in der Lage ist, die individuellen Bedarfe zu erkennen.

Artikel R31-61-1 der Strafprozessordnung, der auf die Aussetzung der mobilen elektronischen Überwachung aus medizinischen Gründen im Falle eines Krankenhausaufenthalts der Person für eine Dauer von drei Monaten abzielt, aber auch verlängerbar ist, besagt: „Der Strafvollzugsrichter kann durch eine Entscheidung gemäß Artikel 712-8 die Vollstreckung der mobilen elektronischen Überwachung aus medizinischen Gründen, insbesondere im Falle eines Krankenhausaufenthalts der Person, aussetzen. Diese Aussetzung gilt für einen Zeitraum von höchstens drei Monaten. Sie kann nach denselben Modalitäten verlängert werden, wenn der Gesundheitszustand der Person dies rechtfertigt.

Bei einer solchen kurzen Prüfung dieser Maßnahmen wird – wie CGLPL betont – „von den gerichtlichen Möglichkeiten, die Strafe an die individuelle Situation anzupassen, nicht ausreichend Gebrauch gemacht". Dies gilt insbesondere dann, wenn es an ärztlichen Sachverständigen mangelt, die den Gesundheitszustand beurteilen zu können, mit dem jede Maßnahme zur Verbesserung der Haftbedingungen oder zur Überprüfung der Gefährlichkeit begründet werden muss, und wenn die Richter auf ein Dringlichkeitsverfahren zurückgreifen, um auf zusätzliche Gutachten zu verzichten (D.49-23 der Strafprozessordnung)[38].

Fazit

Was lässt sich aus dieser sehr kurzen Untersuchung der Situation älterer Menschen in Strafvollzugsanstalten als Fazit ziehen?

Einerseits stellt niemand in Frage, dass im Falle eines Verbrechens oder Vergehens viele Anstrengungen für das Opfer unternommen werden müssen, das oft selbst alt oder sehr alt ist. Was den älteren oder hochbetagten Täter betrifft, so stellt bisher niemand in Frage, dass in bestimmten Fällen eine Haftstrafe verhängt werden muss. Die Frage ist vielmehr, wie viele dieser älteren Täter es in Zukunft geben wird und wie sich dies auf die Vollstreckung der Strafe oder die Notwendigkeit ihrer Anpassung auswirkt. Seit den 2000er-Jahren sind einige Fortschritte zu verzeichnen. In diesen wesentlichen Punkten besteht jedoch nach wie vor die praktische Unmöglichkeit einer Betreuung in Haft aufgrund der Gesundheit und des Autonomieverlustes (Behinderung) und nicht aufgrund des Alters als solchem,

---

38 CGLPL 2021, 3.

wobei dies die treibende Kraft für alle künftigen normativen und praktischen Fortschritte zu sein scheint. Diese Fortschritte müssen zweifellos weiterentwickelt werden, ausgehend von dem empfohlenen Konzept der angemessenen Vorkehrungen[39] und einer stärker integrierten Zusammenarbeit zwischen Gesundheits- und Rehabilitationsdiensten vor Ort, trotz der getrennten Zuständigkeiten der Ministerien für Gesundheit und Justiz.[40]

Abgesehen von diesen rechtlichen Aspekten könnte man jedoch erwarten, dass die Suche nach dem, was es einer Person ermöglicht, ihr Leben „aufrecht"[41] fortzusetzen, selbst wenn sie in Haft ist, das Ziel und stärkste Triebfeder für jede Politik, das daraus resultierende positive Recht und dessen Umsetzung durch die Institutionen und Gerichte ist. Dies gilt unabhängig von den begangenen Taten, auch wenn sie noch so verwerflich und gefürchtet sind.

Was den Strafvollzug betrifft, so ist der Alltag für ältere und hochaltrige Inhaftierte derselbe wir für die anderen Inhaftierten: Er ist eine Prüfung mit all ihren Facetten, mit ihren jeweiligen Anteilen an Gewalt, gegenseitiger Hilfe unter Mithäftlingen und Isolation. Diese Aspekte scheinen sich bei ihnen jedoch aufgrund der Bedingungen in Haft und der Unangemessenheit der Gefängnisumgebung noch zu verstärken – insbesondere auch wegen ihrer „Unsichtbarkeit"[42] für die Gesellschaft im Allgemeinen wie auch wegen der Nicht-Durchsetzbarkeit ihrer Rechte. Das Gefängnis bleibt für sie „ein Spiegelbild der ausgrenzenden Gesellschaft. Viele Häftlinge hatten keine Arbeit, manchmal keine Wohnung, und der Zugang zu medizinischer Versorgung war schon vor ihrer Inhaftierung problematisch".[43] In der Praxis ist der nahende Tod oft der einzige Grund für eine vorzeitige Entlassung aus der Haftanstalt, wenn es einen Ort draußen gibt, zu dem man gehen und dort leben kann.

---

39 CGLPL, Avis du 17 septembre 2018, 3.
40 Die gesundheitliche Versorgung innerhalb des Strafvollzugs liegt in Frankreich in der Verantwortung des Ministeriums für Gesundheit und nicht in der Hand der Strafvollzugsverwaltung.
41 Diese bildhafte Vertikalisierung ist das Herzstück des Humanitude-Ansatzes (Leben und Sterben im Stehen – Gineste und Marescotti). Es geht darum, jemandem die Bedingungen zu bieten, um sich weiterhin als Mensch fühlen zu können, um zu leben. (Die im Umgang mit Alzheimer-Patienten entwickelte Methode könnte als Inspiration für die Anpassung des Rechts und der Ausbildung des Gefängnispersonals oder des medizinischen Personals dienen. Dieser Ansatz schließt den Beitrag der großen Religionen oder Philosophien nicht aus, die im Übrigen in den französischen Strafvollzugsanstalten durch die Tätigkeit der 1587 zugelassenen Seelsorger (2017) präsent sind. Sie tragen auch dazu bei, die Haft zu erleben und auf sich selbst zurückzublicken, den Sinn des eigenen Lebens und seine Endlichkeit in Perspektive zu setzen. Es werden authentische Bekehrungen des Herzens erlebt, die die Rolle der Strafe mit seinen verschiedenen Funktionen nur verstärken können, indem man sie annimmt und zunächst in der Brüderlichkeit mit den anderen Häftlingen lebt.
42 Europäisches Forum für angewandte Kriminalpolitik 2015, 5.
43 Pourveur 2015, 8.

Diese Aspekte des Alltags in Haft (die übrigens den Strukturelementen sehr ähnlich sind, die bei der Erforschung von Auswirkungen der Corona-Pandemie in Pflegeheimen gefunden wurden[44]), machen deutlich, dass in westlichen Ländern wie Frankreich – mit einem entsprechenden Straf- und Strafvollzugssystem – die Funktion der Strafe im Falle älterer Menschen nicht zufriedenstellend in Frage gestellt wird und dass es in den zahlreichen Berichten lediglich zu vielen betrüblichen Feststellungen kommt.

Es bleibt festzuhalten, dass die ungenügende Anpassung des Justiz- und Strafvollzugssystem an das hohe Alter den geringen Eifer bestätigt, mit dem allgemein ein Minimum an wohlwollendem Urteilen und Einsperren angestrebt wird. Lebensältere Menschen in Haft sind jedoch ein besonderes Beispiel für die am meisten vernachlässigten unter den am meisten ignorierten Menschen. Die Gerechtigkeit und ihre Umsetzung erreichen hier die Grenzen der Ungerechtigkeit. Ist dies der Maßstab, an dem sich eine Nation messen lassen muss, um bewundert zu werden?

Literatur

Alcon-Lignereux Léa/Kensey Annie: «4 500 détenus de plus en 5 ans. 2015-2020: analyse statistique de l'évolution de la population carcérale» (2021). Ministère de la justice, Cahiers d'études pénitentiaires et criminologiques, n°50, 12, siehe: http://www.justice.gouv.fr/art_pix/Cahiers_etudes_penitentiaires_et_criminologiques_n50_mai2020_.pdf (Abgerufen am 15.03.2023).

Arrêt J.M.B. et autres c. France (requête n°9671/15 et 31 autres) du 30 janvier 2020. Die Urteile des Europäischen Menschengerichtshof siehe: https://hudoc.echr.coe.int/fre#{%22documentcollectionid2%22:[%22CHAMBER%22]} (Abgerufen am 15.03.2023).

Bedard Rachael/Metzger Lia/Williams Brie: «Prisonniers âgés: présentation des difficultés liées aux soins gériatriques dans les établissements pénitentiaires» (2016) in Revue Internationale de la Croix Rouge, n° 903, 90, 94, siehe: https://international-review.icrc.org/fr/articles/prisonniers-ages-presentation-des-difficultes-liees-aux-soins-geriatriques-dans-les (Abgerufen am 15.03.2023).

CGLPL – Contrôleur Général des Lieux de Privation de Liberté: Avis du 17 décembre 2018 relatif à la prise en compte des situations de perte d'autonomie due à l'âge et aux handicaps physiques dans les établissements pénitentiaires. NOR: CPLX1830858V, J.O.R.F., 22 novembre 2018.

CGCPL – Contrôleur Général des Lieux de Privation de Liberté: Avis du 11 février 2022 relatif à l'interprétariat et à la compréhension des personnes privées de liberté. NOR: CPLX2213093V. J.O.R.F du 3 mai 2022. Siehe: https://www.cglpl.fr/rapports-et-recommandations/les-avis/ (Abgerufen am 15.03.2023).

---

44 Défenseur des droits 2021, 3–4.

CGLPL – Contrôleur Général des Lieux de Privation de Liberté, Recommandations en urgence du 16 avril 2021 relative au centre de détention de Bédenac (Charente-Maritime). NOR: CPLX2114584X, J.O.R.F., 18 mai 2021. Siehe: https://www.cglpl.fr/rapports-et-recommandations/les-avis/ (Abgerufen am 15.03.2023).

CGLPL – Contrôleur Général des Lieux de Privation de Liberté: Stellungnahme vom 17. Dezember 2018 zur Berücksichtigung von Situationen des Autonomieverlusts aufgrund von Alter und körperlichen Behinderungen in Strafvollzugsanstalten. NOR: CPLX1830858V, J.O.R.F., 22. November 2018.

Contrôleur Général des Lieux de Privation de Liberté (CGLPL), Avis du 11 février 2022 relatif à l'interprétariat et à la compréhension des personnes privées de liberté. NOR: CPLX2213093V. J.O.R.F du 3 mai 2022, 3–4. Tous les avis sont retrouvés sur le site du CGLPL: https://www.cglpl.fr/rapports-et-recommandations/les-avis/ (Abgerufen am 15.03.2023).

CGLPL: Recommandations en urgence du 16 avril 2021 relative au centre de détention de Bédenac (Charente-Maritime). NOR: CPLX2114584X, J.O.R.F., 18 mai 2021, 2.

Chaire Jean Rhodain: «Passer de la peine à la sanction: chemin obligé vers une société harmonieuse et sûre» Lyon / 25–27 novembre 2022, siehe: https://fondationjeanrodhain.org/les-colloques/colloque-2022 (Abgerufen am 15.03.2023).

Courrier des Ministres des Solidarité et de la Santé, et de Justice du 17 mai 2021, en réponse aux recommandations en urgence du CGLPL du 16 avril 2021, J.O.R.F., 18 mai 2021.

Code de justice pénale des mineurs (CJPM), ordonnance du 11 septembre 2019 portant partie législative und décret du 27 mai 2021 portant partie réglementaire, in Kraft getreten am 30. September 2021; Circulaire du 24 mai 2013 relative au régime de détention des mineurs (Rundschreiben vom 24. Mai 2013 über das Haftsystem für Jugendliche). NOR: JUSK1340024C.

Défenseur des droits, Avis du Défenseur des droits n°21-02 (26 mars 2021), siehe: https://juridique.defenseurdesdroits.fr/doc_num.php?explnum_id=20585 (Abgerufen am 15.03.2023).

Défenseur des Droits, «Personnes âgées: des droits fragilisés par la dépendance et les discriminations» (28 septembre 2021), siehe: https://www.defenseurdesdroits.fr/fr/dossiers/2021/09/personnes-agees-des-droits-fragilises-par-la-dependance-et-les-discriminations (Abgerufen am 15.03.2023).

Direction de l'Administration pénitentiaire (Nationale Gefängnisverwaltung) : «Les structures pénitentiaires» (28 janvier 2018). Siehe: http://www.justice.gouv.fr/le-ministere-de-la-justice-10017/direction-de-ladministration-penitentiaire-10025/les-structures-penitentiaires-28342.html (Abgerufen am 15.03.2023).

Europäisches Forum für angewandte Kriminalpolitik e.V.: «Vieillir dans un lieu privatif de liberté». Europäische Konferenz in Saxerriet 4.–6. Juni 2015, siehe: https://europaforum-kriminalpolitik.org/fr/colloque-2015/ (Abgerufen am 15.03.2023).

Gesetzesvorschlag vom 22. September 2004 zur Änderung der Strafprozessordnung im Hinblick auf die Entwicklung der elektronischen Überwachung von verurteilten Personen, die älter als 70 Jahre sind. Nationalversammlung, Nr. 1805, siehe: https://www.assemblee-nationale.fr/12/propositions/pion1805.asp (Abgerufen am 15.03.2023).

Gesetze der Französischen Republik, siehe: https://www.legifrance.gouv.fr (Abgerufen am 15.03.2023).

Guide méthodologique relatif aux aménagements de peine et à la mise en liberté pour raisons médicales, 17 juillet 2018, p. 13, siehe: https://www.citoyens-justice.fr/actualites/guide-methodologique.html (Abgerufen am 15.03.2023).

Insee (Institut national de statistique): «Personnes âgées – quelques données clés» 2021. Siehe: https://solidarites-sante.gouv.fr/archives/loi-relative-a-l-adaptation-de-la-societe-au-vieillissement/article/personnes-agees-les-chiffres-cles# (Abgerufen am 15.03.2023).

Meier c. Suisse, Urteil vom 9.2.2016, n°10109/14. Siehe: https://hudoc.echr.coe.int/fre#{%22itemid%22:[%22001-160424%22]}

Ministère de la Justice (Ministerium der Justiz): «Les chiffres clés de l'administration pénitentiaire» (juin 2022). Siehe: http://www.justice.gouv.fr/prison-et-reinsertion-10036/les-chiffres-clefs-10041/ (Abgerufen am 15.03.2023).

Ministère de la Justice (Ministeriums der Justiz): «Statistiques annuelles de milieu ouvert» (2021). Siehe: http://www.justice.gouv.fr/art_pix/STAT_SAMO_2021.pdf (Abgerufen am 15.03.2023).

Ministère de la justice et des libertés, Rundschreiben vom 21. Februar 2012 über die Orientierung von Strafgefangenen in Strafvollzugsanstalten). NOR : JUSK1240006C, Bulletin Officiel du Ministère de la Justice et des Libertés. Siehe: http://www.textes.justice.gouv.fr/art_pix/JUSK1240006C.pdf (Abgerufen am 15.03.2023).

Ministère de la justice et des libertés (Ministerium der Justiz und der Freiheiten) : Circulaire du 21 février 2012 relative à l'orientation en établissement pénitentiaire des personnes détenues. NOR : JUSK1240006C in Bulletin Officiel du Ministère de la Justice et des Libertés. Siehe: http://www.textes.justice.gouv.fr/art_pix/JUSK1240006C.pdf (Abgerufen am 15.03.2023).

Ministère des Solidarité et de la Santé, Ministère de la Justice (Ministerium für Solidarität und Gesundheit – Ministerium für Justiz): Guide relatif à la prise en charge sanitaire des personnes placées sous main de justice (2019), Livre 4 (organisation des prises en charges spécifiques), cahier 8, 350. Siehe: http://www.justice.gouv.fr/art_pix/guide_methodo_2019_ppsmj_part3.pdf (Abgerufen am 15.03.2023).

Morvan, Patrick: Criminologie, Paris, Lexis Nexis, 2022.

OIP Observatoire International des Prisons, Französische Sektion. Juin 2021. Siehe: https://oip.org/en-bref/qui-sont-les-personnes-incarcerees/ (Abgerufen am 15.03.2023).

OIP – Observatoire International des Prisons, Französische Sektion: «Cantiner en prison: quand changement de prestataire rime avec explosion tarifaire (2022). Siehe: https://oip.org/communique/cantiner-en-prison-quand-changement-de-prestataire-rime-avec-explosion-tarifaire/ (Abgerufen am 15.03.2023).

OIP – Observatoire International des Prisons, section française, La santé incarcérée. Enquête sur l'accès aux soins spécialisés en prison (juillet 2022), 62. Siehe: https://oip.org/wp-content/uploads/2022/07/oip-rapport-soinsspe-07-2022-planches.pdf (Abgerufen am 15.03.2023).

ONUDC – Office des Nations Unies contre la Drogue et le Crime: Handbook on Prisoners with Special Needs (Handbuch zu Inhaftierten mit besonderen Bedarfen) (2009).

ONUDC – Office des Nations Unies contre la Drogue et le Crime: Manuel sur la classification des détenus (Handbuch zur Klassifizierung von Inhaftierten) 2020. Siehe: https://unov.tind.io/record/72844 (Abgerufen am 15.03.2023).

Petits Frères des Pauvres, «7 idées reçues sur les personnes âgées en prison» (7 Missverständnisse über ältere Personen in Haft) 7.3.2019. Siehe: https://www.petitsfreresdespauvres.fr/informer/nos-actualites/7-idees-recues-sur-les-personnes-agees-en-prison (Abgerufen am 15.03.2023).

Pourveur Solange: «Länderreferat Belgique». In Vieillir dans un lieu privatif de liberté. Seniors dans un lieu de contrainte. Salez (Saxerriet)/Oberschan 4-5 juin 2015, 8. Siehe: https://europaforum-kriminalpolitik.org/wp-content/uploads/2015_fr_Solange_Pourveur.pdf (Abgerufen am 15.03.2023).

Ricordeau Gwenola: "Older Prisoners" (2021). In: Gu, D., Dupre, M. E. (eds) Encyclopedia of Gerontology and Population Aging. Springer, Cham. 3633-3637. Siehe: https://doi.org/10.1007/978-3-030-22009-9_401 (Abgerufen am 15.03.2023).

Ridel Laurent/Touraut Caroline, «Personnes détenues en fin de vie: expériences individuelles et modalités de prise en charge» (2016). Direction de l'administration pénitentiaire, Cahiers d'études pénitentiaires et criminologiques, n° 41, 2. Siehe: http://www.justice.gouv.fr/art_pix/cahiers_etudes_41_Personnes_detenues_en_fin_de_vie.PDF (Abgerufen am 15.03.2023).

Rohrbasser Jean-Marc/Moulias Robert/Blanchard François: «Âge, responsabilités, expiation». Quelques réflexions sur l'«affaire Papon» (2001). Gérontologie et Société. Paris: FNG, 3/n° 98, 219–237.

Sénat (Französischer Senat): «La libération des détenus âgés» (novembre 2001). Les documents de travail du Sénat. Série Législation comparée, n° LC 98. Siehe: https://www.senat.fr/lc/lc98/lc98.pdf (Abgerufen am 15.03.2023).

Strimelle Véronique, «Le service correctionnel canadien face au vieillissement carcéral: problématiser l'invisible et répondre à l'impensé (1994-2020)» (2022) in: Champ Pénal/Penal Field, 27, 1–5.

Touraut Caroline: «Les professionnels face aux détenues âgées» 2016 Les Cahiers de la Justice, n°2, 325. Siehe: https://www.cairn.info/revue-les-cahiers-de-la-justice-2016-2-page-319.htm (Abgerufen am 15.03.2023).

UNO: Nelson-Mandela-Regeln für den Umgang mit Inhaftierten. Siehe: https://www.un.org/fr/events/mandeladay/mandela_rules.shtml (Abgerufen am 15.03.2023).

Vito, Genaro F./Wilson, Deborah G.: «Forgotten People – Elderly Inmates» (März 1985). In: Federal Probation Volume: 49/1, 18-24. Siehe der Seite des US-Departments for Justice: https://www.ojp.gov/ncjrs/virtual-library/abstracts/forgotten-people-elderly-inmates (Abgerufen am 15.03.2023).

Autorinnen und Autoren

Michelle Becka
Prof. Dr., Professur für Christliche Sozialethik an der Julius-Maximilians-Universität Würzburg, Studiendekanin der Katholisch-Theologischen Fakultät, Forschungsschwerpunkte u. a. ethische Fragen im Kontext des Justizvollzugs und Ethik in der Gefängnisseelsorge, Grundfragen der Ethik, Politische Ethik (insbesondere Ethik und Migration), Rechtsethik, Ethik und Interkulturalität und lateinamerikanische Theologie.

Aude Bernard-Roujou de Boubée
Dr., Dozentin am ICT (Institut Catholique de Toulouse), Doktor für Recht und Kriminologie, Zulassung als Rechtsanwältin. Forschungsschwerpunkte liegen im Bereich des Privatrechts (insbesondere Vertragsrecht) und des Europarechts (Recht der Europäischen Union, Rechtsvergleich, Recht des Europarats).

Aline Chassagne
Dr., Mitarbeiterin in der Forschungsabteilung des CHRU Centre Hospitalier Régional et Universitaire von Besançon, Doktorarbeit in Soziologie und Anthropologie an der Universität von Franche-Comté.

Heinz Cornel
Prof. Dr., Jurist, Diplompädagoge, Kriminologe, von 1988 bis 2019 Professor für Jugendrecht, Strafrecht und Kriminologie an der Alice Salomon Hochschule Berlin, von 2009 bis 2015 Präsident des DBH-Fachverbandes für Soziale Arbeit, Strafrecht und Kriminalpolitik (vormals Deutsche Bewährungshilfe) und von 1988 bis 2020 Mitglied im Vorstand der DVJJ – Deutschen Vereinigung für Jugendgerichte und Jugendgerichtshilfen Berlin; seit 1996 Mitglied des wissenschaftlichen Beirats der KAGS.

Albert Evrard SJ
Dr., Jesuit, ehemaliger Rechtsanwalt in Brüssel, jetzt Dozent am Institut Catholique de Toulouse (ICT) und wissenschaftlicher Mitarbeiter an der Universität Namur (Belgien). Am ICT leitet er Kurse in Kriminologie und Rechtsphilosophie und ist Co-Leiter des Lehrstuhls Vulnérabilité et Mutations du Droit (Recht der älteren Menschen). In diesem Bereich des Rechts und des Alterns bereitet er in Toulouse seine Habilitation vor.

Autorinnen und Autoren

Christian Ghanem
Prof. Dr., Professur für Sozialwissenschaften an der Technischen Hochschule Nürnberg Georg-Simon-Ohm für Theorien und Handlungslehre in der Sozialen Arbeit und insbesondere Themen der Resozialisierung. Zuvor war er Vertretungsprofessor an der Katholischen Stiftungshochschule München (Abteilung Benediktbeuern) und bei der Bewährungshilfe am Landgericht München tätig. Seine Lehr- und Forschungsaktivitäten umfassen Themen der Straffälligenhilfe, Digitalisierung und Professionalisierung der Sozialen Arbeit.

Lydia Halbhuber-Gassner
Fachreferentin beim Sozialdienst kath. Frauen Landesverband Bayern e. V., langjährige Vorsitzende der KAGS – Kath. Bundesarbeitsgemeinschaft Straffälligenhilfe bis November 2021.

Andrea Kenkmann
Promotion an der University of East Anglia, seit 2017 wissenschaftliche Mitarbeiterin am Kompetenzzentrum „Zukunft Alter" und seit dem Wintersemester 2021–2022 Vertretungsprofessorin für Soziale Gerontologie an der Hochschule Nordhausen. Arbeitsschwerpunkte sind: ältere Menschen im Strafvollzug, Organisation von Einrichtungen der Langzeitversorgung, Partizipation und Teilhaber älterer Menschen.

Wolfgang Krell
Diplompädagoge und Diplomsozialpädagoge FH, seit 1990 Diözesanreferent beim SKM in der Diözese Augsburg und Fachreferent für Wohnungslosenhilfe und Straffälligenhilfe, viele Jahre im Vorstand und aktuell Vorsitzender der KAG S – Kath. Bundesarbeitsgemeinschaft Straffälligenhilfe. Ehrenamtlicher Mitgründer und langjähriger Vorsitzender des Europäischen Forums für angewandte Kriminalpolitik e. V.

Marc Lehmann
Dr., Leiter Medizin im Berliner Justizvollzug, Ärztlicher Direktor des Justizvollzugskrankenhauses, Justizvollzugsanstalt Plötzensee.

Liane Meyer
Prof. Dr., Krankenschwester, Dipl. Pflegepädagogin (FH), Dipl. Gerontologin, promovierte an der Fakultät für Gesundheitswissenschaften der Universität Bielefeld. Tätigkeit als Lehrbeauftragte an verschiedenen Hochschulen sowie als Referentin in der beruflichen Aus- und Weiterbildung. Seit 2022 Professorin für

Angewandte Gesundheits- und Pflegewissenschaften an der Dualen Hochschule Baden-Württemberg Karlsruhe.

Anke Neuber
Prof. Dr., Professur Soziologie für die Soziale Arbeit, Hochschule Hannover, Forschungsschwerpunkte sind u. a. Devianz, soziale Probleme und soziale Kontrolle, Strafvollzug, Jugendgewalt/Gewaltforschung.

Holger Reiss
Diakon und Sozialarbeiter, arbeitet seit 2017 beim Schwarzen Kreuz Christliche Straffälligenhilfe e. V. in der Celler Anlaufstellte für Straffällige „Projekt Brückenbau". Er betreut als Fachbereichsleiter der Anlaufstelle auch Inhaftierte, die länger als 10 Jahre inhaftiert sind, u. a. in der JVA Celle.

Steffen Schroeder
Schauspieler und Schriftsteller. Nach seiner Schauspielausbildung zunächst Ensemblemitglied am Wiener Burgtheater, dann beim Berliner Ensemble. Er wirkte in Fernsehserien mit und spielte lange in „SOKO Leipzig". Er ist als ehrenamtlicher Besucher in Gefängnissen in Berlin engagiert. Über seine Erfahrungen in diesem Engagement hat er sein Buch „Was alles in einem Menschen sein kann" geschrieben.

Sandra Verhülsdonk
Dr. rer. nat., Gerontologin, Gerontopsychiatrische Institutsambulanz, Universitätsklinikum Düsseldorf.

Würde, Haltung, Beteiligung

Stefan Gillich, Gabriele Kraft, Heike Moerland, Wolfgang Sartorius

Würde, Haltung, Beteiligung

Herausforderungen in der Arbeit mit Menschen ohne Wohnung

1. Auflage, 2022
Kartoniert/Broschiert, 186 Seiten
20,00 €
ISBN 978-3-7841-3502-1

Eine zukunftsorientierte Wohnungsnotfallhilfe ist an den Bedarfen wohnungsloser Menschen ausgerichtet und nachhaltig ausgestattet, ist der Menschenwürde verpflichtet, fördert eine Haltung, die Eigenverantwortung und Selbstverwirklichung Raum gibt und entwickelt Partizipationsstrukturen, die Nutzer*innen der Dienste und Einrichtungen an Entscheidungen beteiligt. Doch wie kann eine solch würdigende Haltung in einer von Effizienz und Effektivität geprägten Zeit bewahrt werden? Wie können passgenaue Hilfsangebote entwickelt und dabei den individuellen Biografien der Menschen ausreichend Rechnung getragen werden? Diesen und weiteren Fragen geht der Band nach, dessen Beiträge überwiegend im Rahmen des Kongresses des „Evangelischen Bundesfachverbandes Existenzsicherung und Teilhabe e.V. (EBET) Wohnungsnotfall- und Straffälligenhilfe" 2021 entstanden.

www.lambertus.de

Wege aus der Radikalisierung

Lydia Halbhuber-Gassner,
Barbara Kappenberg

Wege aus der Radikalisierung

Eine Herausforderung auch für die Straffälligenhilfe

1. Auflage, 2020
Kartoniert/Broschiert, 132 Seiten
19,90 €
ISBN 978-3-7841-3239-6

Was ist Radikalisierung und wie wird sie begünstigt? Welche Rolle spielt das Gefängnis als möglicher Ort der Radikalisierung?

Ausgehend von diesen Fragen befassen sich die Beiträge mit den gesellschaftlichen Voraussetzungen, die Radikalisierungsentwicklungen begünstigen. Die gesellschaftliche Entstehungsgeschichte ist notwendig, um Radikalisierung zu verstehen und wirksame Gegenmaßnahmen zu entwickeln. In der Fachwoche Straffälligenhilfe 2018, auf der das Buch basiert, wurde auf eine Bandbreite von ideologischer, bis hin zu religiöser Radikalisierung eingegangen. Ebenso wurden die Herausforderungen und Erwartungshaltungen an die Soziale Arbeit im Feld der Radikalisierungsprävention beleuchtet und diskutiert. Beispielhaft werden unterschiedliche Präventionsprojekte mit ihren praktischen Erfahrungen, Herausforderungen sowie Erfolgen vorgestellt. Um ein möglichst breites Spektrum um Thema zu bieten, wurden die Vorträge der Fachwoche wurden um weitere Beiträge ergänzt.

PraktikerInnen können sich intensiv mit dem Thema zu beschäftigen und vielleicht auch die eigene Haltung reflektieren, um im beruflichen Alltag kultursensibel und kompetent zu handeln.

www.lambertus.de

Versöhnen statt strafen – integrieren statt ausgrenzen

Werner Nickolai

Versöhnen statt strafen – integrieren statt ausgrenzen

Zum Selbstverständnis der Sozialen Arbeit in der Straffälligenhilfe

1. Auflage, Januar 2020
Kartoniert/Broschiert, 148 Seiten
18,00 €
ISBN 978-3-7841-3237-2

„Versöhnen statt strafen – integrieren statt ausgrenzen" sind die Leitmotive der Arbeit des Autors, der nach 45 Jahren Sozialer Arbeit – 15 Jahre im Jugendstrafvollzug und 30 Jahre an der Katholischen Hochschule Freiburg – in den Ruhestand geht. Vor dem Hintergrund eigener biografischer Erfahrungen mit Ausgrenzung entstand eine Sensibilität für die Arbeit mit straffällig gewordenen Menschen. Lehrthemen an der Katholischen Hochschule Freiburg waren neben der Straffälligenhilfe die Erlebnis- und Sportpädagogik, die Auseinandersetzung mit der Sozialarbeit im Nationalsozialismus und der Gedenkstättenpädagogik. Zu allen hier genannten Themenfeldern veröffentlichte der Autor Aufsätze, die in diesem Sammelband wiedergegeben werden. Soziale Arbeit als ein helfender und nicht strafender Beruf hat die Aufgabe zu verstehen, wie etwas geworden ist und nicht zu verurteilen. Soziale Arbeit gelingt nur als Beziehungsarbeit.

www.lambertus.de